厚大 法考 Judicial Examination 2020

李宏勃◎编著

2020国家法律职业资格考试

理论法主观题素材与方法

厚大出品

法律之路，
行稳致远。
李宏勃

中国政法大学出版社

一种理想　就是一种力

做法治之光

——致亲爱的考生朋友

如果问哪个群体会真正认真地学习法律，我想答案可能是备战法考的考生。

当厚大的老总力邀我们全力投入法考的培训事业，他最打动我们的一句话就是：这是一个远比象牙塔更大的舞台，我们可以向那些真正愿意去学习法律的同学普及法治的观念。

应试化的法律教育当然要帮助同学们以最便捷的方式通过法考，但它同时也可以承载法治信念的传承。

一直以来，人们习惯将应试化教育和大学教育对立开来，认为前者不登大雅之堂，充满填鸭与铜臭。然而，没有应试的导向，很少有人能够真正自律到系统地学习法律。在许多大学校园，田园牧歌式的自由放任也许能够培养出少数的精英，但不少学生却是在游戏、逃课、昏睡中浪费生命。人类所有的成就靠的其实都是艰辛的训练；法治建设所需的人才必须接受应试的锤炼。

应试化教育并不希望培养出类拔萃的精英，我们只希望为法治建设输送合格的人才，提升所有愿意学习法律的同学整体性的法律知识水平，培育真正的法治情怀。

厚大教育在全行业中率先推出了免费视频的教育模式，让优质的教育从此可以遍及每一个有网络的地方，经济问题不会再成为学生享受这些教育资源的壁垒。

最好的东西其实都是免费的，阳光、空气、无私的爱，越是弥足珍贵，越是免费的。我们希望厚大的免费课堂能够提供最优质的法律教育，一如阳光遍洒四方，带给每一位同学以法律的温暖。

没有哪一种职业资格考试像法考一样，科目之多、强度之大令人咂舌，这也是为什么通过法律职业资格考试是每一个法律人的梦想。

法考之路，并不好走。有沮丧、有压力、有疲倦，但愿你能坚持。

坚持就是胜利，法律职业资格考试如此，法治道路更是如此。

当你成为法官、检察官、律师或者其他法律工作者，你一定会面对更多的挑战、更多的压力，但是我们请你持守当初的梦想，永远不要放弃。

人生短暂，不过区区三万多天。我们每天都在走向人生的终点，对于每个人而言，我们最宝贵的财富就是时间。

感谢所有参加法考的朋友，感谢你愿意用你宝贵的时间去助力中国的法治建设。

我们都在借来的时间中生活。无论你是基于何种目的参加法考，你都被一只无形的大手抛进了法治的熔炉，要成为中国法治建设的血液，要让这个国家在法治中走向复兴。

数以万计的法条，盈千累万的试题，反反复复的训练。我们相信，这种貌似枯燥机械的复习正是对你性格的锤炼，让你迎接法治使命中更大的挑战。

亲爱的朋友，愿你在考试的复习中能够加倍地细心。因为将来的法律生涯，需要你心思格外的缜密，你要在纷繁芜杂的证据中不断搜索，发现疑点，去制止冤案。

亲爱的朋友，愿你在考试的复习中懂得放弃。你不可能学会所有的知识，抓住大头即可。将来的法律生涯，同样需要你在坚持原则的前提下有所为、有所不为。

亲爱的朋友，愿你在考试的复习中沉着冷静。不要为难题乱了阵脚，实在不会，那就绕道而行。法律生涯，道阻且长，唯有怀抱从容淡定的心才能笑到最后。

法律职业资格考试不仅仅是一次考试，它更是你法律生涯的一次预表。

我们祝你顺利地通过考试。

不仅仅在考试中，

也在今后的法治使命中，不悲伤、不犹豫、不彷徨。

但求理解。

厚大全体老师　谨识

2019 年 11 月

前　言 FOREWORD

法律职业资格考试的第一轮为客观题考试，即常规的选择题，第二轮为主观题考试，主观题主要分为两类：一是案例题，目的在于考核学生对刑法、民法、行政法及诉讼法知识的掌握程度，需要运用法律规定对案件作出分析和处理；二是论述题，主要考核学生对于中国特色社会主义法治理论、法理学和相关部门法的基本原理的掌握程度，要求学生能够运用相关法学理论写出一篇小文章来。

与案例题相比，论述题是法律职业资格考试中非常独特的一种题型：它不是考查法律制度而是考查法学理论，不是考查学生法律运用能力而是考查其法律思维和政治立场；论述题没有固定的答题模式，也没有唯一正确的标准答案，具有特别大的灵活性。

为了帮助考生有效应对论述题，成功通过主观题考试，本书将在三个方面提供对应的帮助：

首先是提供答题素材。本书围绕社会主义法治理论和法理学中最具考试价值的核心理论和热点知识，进行深度讲解和扩展延伸，为考生补充营养，打好基础。

其次是提供答题方法。本书从论述题考试的目的出发，提供了答好论述题的一般性思路和指导，教会考生如何审题、如何立论，如何确立文章框架，如何运用法言法语进行表达。

最后是提供模拟训练。答好论述题，重在平时的训练。本书在提供历年真题练习的同时，还提供了一定数量的高质量模拟题，通过模拟训练，实现从理论到实践的跨越，让考生真正具备又好又快答题的能力。

论述题没有捷径，但有方法，希望这本书对你的复习应试会有所帮助。

李宏勃

2020 年 7 月

目 录 CONTENTS

第1编 理论知识 ▶001

第1讲 中国特色社会主义法治理论 ▶001

一、依法治国的意义与目标 ▶002

二、中国法治的基本原则 ▶003

三、科学立法 ▶007

四、严格执法 ▶010

五、公正司法 ▶016

六、全民守法 ▶024

七、加强党对法治的领导 ▶028

第2讲 法理学 ▶031

一、法律的原则 ▶031

二、法的基本价值 ▶034

三、司法裁判中的释法说理 ▶037

四、法律与道德 ▶039

五、法律与科技 ▶042

第2编 热点问题 ▶044

第3讲 法治理论的最新发展 …… ▶045
一、习近平新时代全面依法治国思想 …… ▶045
二、十八大以来全面依法治国的新理念新思想新战略…… ▶047
第4讲 依法治国的热点问题 …… ▶051
一、《法治政府建设实施纲要（2015~2020年）》 …… ▶051
二、中央全面依法治国委员会《关于加强法治乡村建设的意见》 …… ▶056
三、疫情防控中应坚持的法治原则 …… ▶058
四、最高法和最高检2020年工作报告 …… ▶063

第3编 答题方法 ▶077

第5讲 认识论述题 …… ▶077
一、论述题的特点 …… ▶077
二、论述题的考核目的 …… ▶078
三、论述题的考试类型 …… ▶079
第6讲 如何回答论述题 …… ▶082
一、如何审题 …… ▶082
二、如何确立中心观点 …… ▶083
三、如何确定文章的结构框架 …… ▶083
四、如何对观点进行论证 …… ▶085
五、如何使用语言与素材 …… ▶086

第 7 讲 如何进行训练 …… ▶087

一、要端正心态 …… ▶087

二、多阅读、多训练 …… ▶087

第 4 编 模考演练 ▶089

第 8 讲 往年真题 …… ▶089

一、2019 年法考主观卷第一题 …… ▶089

二、2018 年法考主观卷第一题 …… ▶092

三、2017 年司考卷四第一题 …… ▶095

四、2017 年司考卷四第七题 …… ▶098

五、2013 年司考卷四第七题 …… ▶102

第 9 讲 模拟训练 …… ▶105

第 1 讲　中国特色社会主义法治理论

学习提示：

“中国特色社会主义法治理论”以中央颁布的权威文件为依据，包括《中共中央关于全面推进依法治国若干重大问题的决定》（中国共产党第十八届中央委员会第四次全体会议通过）和《决胜全面建成小康社会，夺取新时代中国特色社会主义伟大胜利》（中国共产党第十九次全国代表大会报告）。对于这些文件，根据论述题的考核，进行了重点摘编，并进一步进行了理论补充。这一部分的学习，不仅要强调对重要论述的适度记忆，更强调要把党的文件与中国法治实践相结合，用文件的观点指导和理解法治实践。因此，本书在全面呈现文件原文的同时，对重要知识点进行了必要的拓展和延伸，目的在于帮助考生读懂文件，理解其内涵，更好地答题。

一、依法治国的意义与目标

依法治国，是坚持和发展中国特色社会主义的本质要求和重要保障，是实现国家治理体系和治理能力现代化的必然要求，事关我们党执政兴国，事关人民幸福安康，事关党和国家长治久安。

全面建成小康社会、实现中华民族伟大复兴的中国梦，全面深化改革、完善和发展中国特色社会主义制度，提高党的执政能力和执政水平，必须全面依法治国。

全面依法治国，必须贯彻落实党的十九大精神，高举中国特色社会主义伟大旗帜，以马克思列宁主义、毛泽东思想、邓小平理论、“三个代表”重要思想、科学发展观、习近平新时代中国特色社会主义思想为指导，坚持党的领导、人民当家作主、依法治国有机统一，坚定不移走中国特色社会主义法治道路，坚决维护宪法法律权威，依法维护人民权益、维护社会公平正义、维护国家安全稳定，为实现“两个一百年”奋斗目标、实现中华民族伟大复兴的中国梦提供有力法治保障。

全面依法治国，总目标是建设中国特色社会主义法治体系，建设社会主义法治国家。这就是，在中国共产党领导下，坚持中国特色社会主义制度，贯彻中国特色社会主义法治理论，形成完备的法律规范体系、高效的法治实施体系、严密的法治监督体系、有力的法治保障体系，形成完善的党内法规体系（五个体系），坚持依法治国、依法执政、依法行政共同推进，坚持法治国家、法治政府、法治社会一体建设（三位一体），实现科学立法、严格执法、公正司法、全民守法（四大格局），促进国家治理体系和治理能力现代化。

经典言论

国无常强，无常弱。奉法者强则国强，奉法者弱则国弱。

原典：

国无常强，无常弱。奉法者强则国强，奉法者弱则国弱。……故有荆庄、齐桓则荆、齐可以霸，有燕襄、魏安釐则燕、魏可以强。今皆亡国者，其群臣官吏皆务所以乱，而不务所以治也。其国乱弱矣，又皆释国法而私其外，则是负薪而救火也，乱弱甚矣！

——（战国）韩非《韩非子·有度》

二、中国法治的基本原则

（一）坚持中国共产党的领导

党的领导是中国特色社会主义最本质的特征，是社会主义法治最根本的保证。把党的领导贯彻到依法治国全过程和各方面，是我国社会主义法治建设的一条基本经验。

我国宪法确立了中国共产党的领导地位。坚持党的领导，是社会主义法治的根本要求，是党和国家的根本所在、命脉所在，是全国各族人民的利益所系、幸福所系，是全面依法治国的题中应有之义。

党的领导和社会主义法治是一致的，社会主义法治必须坚持党的领导，党的领导必须依靠社会主义法治。只有在党的领导下依法治国、厉行法治，人民当家作主才能充分实现，国家和社会生活法治化才能有序推进。

依法执政，既要求党依据宪法法律治国理政，也要求党依据党内法规管党治党。

必须坚持党领导立法、保证执法、支持司法、带头守法，把依法治国基本方略同依法执政基本方式统一起来，把党总揽全局、协调各方同人大、政府、政协、审判机关、检察机关依法依章程履行职能、开展工作统一起来，把党领导人民制定和实施宪法法律同党坚持在宪法法律范围内活动统一起来。（三个统一）

善于使党的主张通过法定程序成为国家意志，善于使党组织推荐的人选通过法定程序成为国家政权机关的领导人员，善于通过国家政权机关实施党对国家和社会的领导，善于运用民主集中制原则维护中央权威、维护全党全国团结统一。（四个善于）

（二）坚持人民主体地位

人民是依法治国的主体和力量源泉，人民代表大会制度是保证人民当家作主的根本政治制度。

必须坚持法治建设为了人民、依靠人民、造福人民、保护人民，以保障人民根本权益为出发点和落脚点，保证人民依法享有广泛的权利和自由、承担应尽的义务，维护社会公平正义，促进共同富裕。

必须保证人民在党的领导下，依照法律规定，通过各种途径和形式管理国家事务，管理经济文化事业，管理社会事务。

必须使人民认识到法律既是保障自身权利的有力武器，也是必须遵守的行为规范，增强全社会学法尊法守法用法意识，使法律为人民所掌握、所遵守、所运用。

（三）坚持法律面前人人平等

平等是社会主义法律的基本属性。任何组织和个人都必须尊重宪法法律权威，都必须在宪法法律范围内活动，都必须依照宪法法律行使权力或权利、履行职责或义务，都不得有超越宪法法律的特权。

必须维护国家法制统一、尊严、权威，切实保证宪法法律有效实施，绝不允许任何人以任何借口任何形式以言代法、以权压法、徇私枉法。

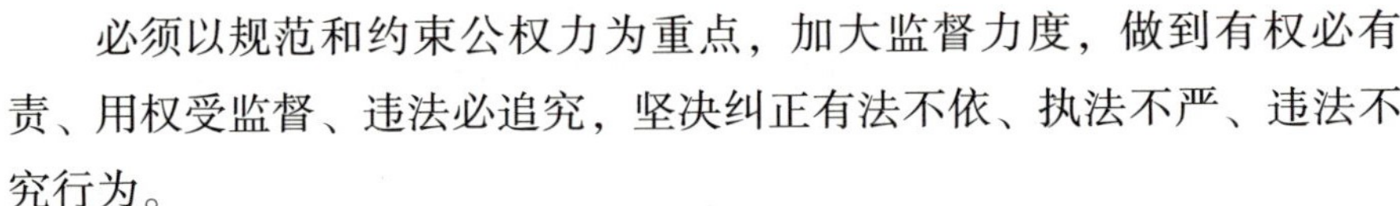
必须以规范和约束公权力为重点，加大监督力度，做到有权必有责、用权受监督、违法必追究，坚决纠正有法不依、执法不严、违法不究行为。

理论补充

坚持法律面前人人平等，就要反对特权和歧视。没有正当理由给予优待，即为特权；没有正当理由加以限制或增加负担，即为歧视，现实生活中存在着性别歧视、种族歧视、地域歧视等；平等允许合理的差别，针对强势的群体，一般应赋予更多的义务，如税法中对高收入阶层的超额累进制，而针对弱势的群体，一般应给予特殊的优待或保护，比如法律上对老人、儿童、残疾人均会给予特殊的优待。

（四）坚持依法治国和以德治国相结合

国家和社会治理需要法律和道德共同发挥作用。

必须坚持一手抓法治、一手抓德治，大力弘扬社会主义核心价值观，弘扬中华传统美德，培育社会公德、职业道德、家庭美德、个人品德，既重视发挥法律的规范作用，又重视发挥道德的教化作用，以法治体现道德理念、强化法律对道德建设的促进作用，以道德滋养法治精神、强化道德对法治文化的支撑作用，实现法律和道德相辅相成、法治和德治相得益彰。

理论补充

法律是成文的道德，道德是内心的法律。法律有效实施有赖于道德支撑，道德践行也离不开法律约束。

坚持依法治国和以德治国相结合，就要重视发挥道德的教化作用，提高全社会文明程度，为全面依法治国创造良好人文环境。要在道德体系中体现法治要求，发挥道德对法治的滋养作用，努力使道德体系同社会主义法律规范相衔接、相协调、相促进。要在道德教育中突出法治内涵，注重培育人们的法律信仰、法治观念、规则意识，引导人们自觉履行法定义务、社会责任、家庭责任，营造全社会都讲法治、守法治的文化环境。

治理国家要将教化与法律相结合，这也是中国古代儒家关于德教与刑政关系的主张。《尚书·康诰》中首次提出了“明德慎罚”的思想。春秋时孔子提出：“道之以政，齐之以刑，民免而无耻；道之以德，齐之以礼，有耻且格。”（《论语·为政》）坚持依法治国和以德治国相结合，是对中国传统政治思想的继承和发扬。

坚持依法治国和以德治国相结合，具有丰厚的现实基础。一方面，法律存在诸多的局限和不足，需要道德的补充；另一方面，中国的传统文化为儒家文化，儒家文化非常重视道德教化。因此，在推进法治中国建设的过程中，要善待自己的传统文化，把现代法治与儒家德治文化有机结合。

（五）坚持从中国实际出发

中国特色社会主义道路、理论体系、制度是全面依法治国的根本遵循。

必须从我国基本国情出发，同改革开放不断深化相适应，总结和运用党领导人民实行法治的成功经验，围绕社会主义法治建设重大理论和实践问题，推进法治理论创新，发展符合中国实际、具有中国特色、体现社会发展规律的社会主义法治理论，为依法治国提供理论指导和学理支撑。

汲取中华法律文化精华，借鉴国外法治有益经验，但决不照搬外国法治理念和模式。

理论补充

在建设法治中国的过程中，坚持从中国实际出发，要借鉴世界经验，但更要对自己有自信。“坚持不忘初心、继续前进”，就要坚持“四个自信”即“中国特色社会主义道路自信、理论自信、制度自信、文化自信”。

三、科学立法

法律是治国之重器，良法是善治之前提。

建设中国特色社会主义法治体系，必须坚持立法先行，发挥立法的引领和推动作用，抓住提高立法质量这个关键。要恪守以民为本、立法为民理念，贯彻社会主义核心价值观，使每一项立法都符合宪法精神、反映人民意志、得到人民拥护。要把公正、公平、公开原则贯穿立法全过程，完善立法体制机制，坚持立改废释并举，增强法律法规的及时性、系统性、针对性、有效性。

经典言论

立善法于天下，则天下治；
立善法于一国，则一国治。

原典：

盖君子之为政，立善法于天下，则天下治；立善法于一国，

> 则一国治。如其不能立法，而欲人人悦之，则日亦不足矣。使周公知为政，则宜立学校之法于天下矣；不知立学校而徒能劳身以待天下之士，则不唯力有所不足，而势亦有所不得也。
>
> ——（北宋）王安石《周公》

深入推进科学立法、民主立法。

加强人大对立法工作的组织协调，健全立法起草、论证、协调、审议机制，健全向下级人大征询立法意见机制，建立基层立法联系点制度，推进立法精细化。健全法律法规规章起草征求人大代表意见制度，增加人大代表列席人大常委会会议人数，更多发挥人大代表参与起草和修改法律作用。完善立法项目征集和论证制度。健全立法机关主导、社会各方有序参与立法的途径和方式。探索委托第三方起草法律法规草案。

健全立法机关和社会公众沟通机制，开展立法协商，充分发挥政协委员、民主党派、工商联、无党派人士、人民团体、社会组织在立法协商中的作用，探索建立有关国家机关、社会团体、专家学者等对立法中涉及的重大利益调整论证咨询机制。拓宽公民有序参与立法途径，健全法律法规规章草案公开征求意见和公众意见采纳情况反馈机制，广泛凝聚社会共识。

理论补充

立法的基本原则

1. 依法立法原则

依法立法原则要求一切立法活动都必须以宪法和法律为依据，遵循宪法和法律的原则和精神。依法立法原则包括如下涵义：

（1）立法活动本身必须严格依法进行。立法者应在法律规定的范围内行使职权，不可越权立法，立法还要按照法定程序进行，每个环节都不可忽略。

（2）立法的内容要符合宪法，符合现代法治的基本精神，也就是说，立法应当体现公平、自由、人权、民主等法律价值，有利于实现国家利益、社会利益和个人利益的和谐，有利于促进社会进步和人的全面发展。

（3）立法还要注意维护国家法律体系的统一，下位法不能违反上位法，普通法不能违反根本法，各个法律之间应当形成和谐共处、相辅相成的关系，避免法律之间出现矛盾和冲突。

2. 科学立法原则

坚持立法的科学原则，就是要把立法当作一门科学来对待，运用科学的理论来指导立法实践，保证制定出来的法律既贴近现实生活，得到社会的认同，又符合社会发展的规律，具有一定的前瞻性。科学立法原则要求健全立法起草、论证、协调和审议机制，健全向下级人大征询立法意见机制，建立基层立法联系点制度，推进立法精细化，完善立法项目征集和论证制度，健全立法机关主导、社会各方有序参与立法的途径和方式。

3. 民主立法原则

立法应当体现人民的意志和要求，立法过程要坚持开门立法，走群众路线。在我国，民主立法原则要求：

一方面，健全人大代表在法律法规规章起草与修改等立法活动中的作用的制度与机制。

另一方面，健全立法机关与社会公众沟通机制，开展立法协商，充分发挥政协委员、民主党派、工商联、无党派人士、人民团体、社会组织在立法协商中的作用；拓宽公民有序参与立法途径，健全法律法规规章草案公开征求意见和公众意见采纳情况反馈机制。

经典言论

立法者应该把自己看作一个自然科学家。他不是在制造法律，不是在发明法律，而仅仅是表述法律。

——〔德〕马克思

四、严格执法

法律的生命力在于实施，法律的权威也在于实施。各级政府必须坚持在党的领导下、在法治轨道上开展工作，创新执法体制，完善执法程序，推进综合执法，严格执法责任，建立权责统一、权威高效的依法行政体制，加快建设职能科学、权责法定、执法严明、公开公正、廉洁高效、守法诚信的法治政府。

（一）依法全面履行政府职能

完善行政组织和行政程序法律制度，推进机构、职能、权限、程序、责任法定化。行政机关要坚持法定职责必须为、法无授权不可为，勇于负责、敢于担当，坚决纠正不作为、乱作为，坚决克服懒政、怠政，坚决惩处失职、渎职。行政机关不得法外设定权力，没有法律法规依据不得作出减损公民、法人和其他组织合法权益或者增加其义务的决定。推行政府权力清单制度，坚决消除权力设租寻租空间。

推进各级政府事权规范化、法律化，完善不同层级政府特别是中央和地方政府事权法律制度，强化中央政府宏观管理、制度设定职责和必要的执法权，强化省级政府统筹推进区域内基本公共服务均等化职责，强化市县政府执行职责。

理论补充

权力清单制度，就是政府及其部门在对其所行使的公共权力进行全面梳理的基础上，依法界定每个部门、每个岗位的职责与权限，然后将职权目录、实施主体、相关法律依据、具体办理流程等以清单方式进行列举和图解，并公之于众。推行地方各级政府及其工作部门权力清单制度，是加强权力运行制约和监督体系建设的一项重大举措，有利于把政府权力关进制度的笼子里，打造有限、有为、有效的法治政府和服务型政府。

（二）健全依法决策机制

把公众参与、专家论证、风险评估、合法性审查、集体讨论决定确定为重大行政决策法定程序，确保决策制度科学、程序正当、过程公开、责任明确。建立行政机关内部重大决策合法性审查机制，未经合法性审查或经审查不合法的，不得提交讨论。

积极推行政府法律顾问制度，建立司法行政机构人员为主体、吸收专家和律师参加的法律顾问队伍，保证法律顾问在制定重大行政决策、推进依法行政中发挥积极作用。

建立重大决策终身责任追究制度及责任倒查机制，对决策严重失误或者依法应该及时作出决策但久拖不决造成重大损失、恶劣影响的，严格追究行政首长、负有责任的其他领导人员和相关责任人员的法律责任。

（三）深化行政执法体制改革

根据不同层级政府的事权和职能，按照减少层次、整合队伍、提高效率的原则，合理配置执法力量。

推进综合执法，大幅减少市县两级政府执法队伍种类，重点在食品药品安全、工商质检、公共卫生、安全生产、文化旅游、资源环境、农林水利、交通运输、城乡建设、海洋渔业等领域内推行综合执法，有条件的领域可以推行跨部门综合执法。

完善市县两级政府行政执法管理，加强统一领导和协调。理顺行政强制执行体制。理顺城管执法体制，加强城市管理综合执法机构建设，提高执法和服务水平。

严格实行行政执法人员持证上岗和资格管理制度，未经执法资格考试合格，不得授予执法资格，不得从事执法活动。严格执行罚缴分离和收支两条线管理制度，严禁收费罚没收入同部门利益直接或者变相挂钩。

健全行政执法和刑事司法衔接机制，完善案件移送标准和程序，建立行政执法机关、公安机关、检察机关、审判机关信息共享、案情通报、案件移送制度，坚决克服有案不移、有案难移、以罚代刑现象，实现行政处罚和刑事处罚无缝对接。

（四）坚持严格规范公正文明执法

依法惩处各类违法行为，加大关系群众切身利益的重点领域执法力度。完善执法程序，建立执法全过程记录制度。明确具体操作流程，重点规范行政许可、行政处罚、行政强制、行政征收、行政收费、行政检查等执法行为。严格执行重大执法决定法制审核制度。

建立健全行政裁量权基准制度，细化、量化行政裁量标准，规范裁量范围、种类、幅度。加强行政执法信息化建设和信息共享，提高执法效率和规范化水平。

全面落实行政执法责任制，严格确定不同部门及机构、岗位执法人员执法责任和责任追究机制，加强执法监督，坚决排除对执法活动的干预，防止和克服地方和部门保护主义，惩治执法腐败现象。

理论补充

行政执法“三项制度”

“三项制度”即推行行政执法公示制度、执法全过程记录制度、重大执法决定法制审核制度，对于促进严格规范公正文明执法，保障和监督行政机关有效履行职责，维护人民群众合法权益，具有重要意义。

1. 行政执法公示制度

行政执法公示是保障行政相对人和社会公众知情权、参与权、表达权、监督权的重要措施。行政执法机关要按照“谁执法谁公示”的原则，明确公示内容的采集、传递、审核、发布职责，规范信息公示内容的标准、格式。建立统一的执法信息公示平台，及时通过政府网站及政务新媒体、办事大厅公示栏、服务窗口等平台向社会公开行政执法基本信息、结果信息。涉及国家秘密、商业秘密、个人隐私等不宜公开的信息，依法确需公开的，要作适当处理后公开。发现公开的行政执法信息不准确的，要及时予以更正。

2. 执法全过程记录制度

行政执法全过程记录是行政执法活动合法有效的重要保证。行政执法机关要通过文字、音像等记录形式，对行政执法的启动、调查取证、审核决定、送达执行等全部过程进行记录，并全面系统归档保存，做到执法全过程留痕和可回溯管理。

3. 重大执法决定法制审核制度

重大执法决定法制审核是确保行政执法机关作出的重大执法决定合法有效的关键环节。行政执法机关作出重大执法决定前，要严格进行法制审核，未经法制审核或者审核未通过的，不得作出决定。

（五）强化对行政权力的制约和监督

加强党内监督、人大监督、民主监督、行政监督、司法监督、审计监督、社会监督、舆论监督制度建设，努力形成科学有效的权力运行制约和监督体系，增强监督合力和实效。

（六）全面推进政务公开

坚持以公开为常态、不公开为例外原则，推进决策公开、执行公开、管理公开、服务公开、结果公开。各级政府及其工作部门依据权力清单，向社会全面公开政府职能、法律依据、实施主体、职责权限、管理流程、监督方式等事项。重点推进财政预算、公共资源配置、重大建设项目批准和实施、社会公益事业建设等领域的政府信息公开。

涉及公民、法人或其他组织权利和义务的规范性文件，按照政府信息公开要求和程序予以公布。推行行政执法公示制度。推进政务公开信息化，加强互联网政务信息数据服务平台和便民服务平台建设。

行政执法的基本原则

1. 合法性原则

这是指行政机关必须根据法定权限、法定程序和法治精神进行管理。主要内涵包括，执法机构要有法律明文授权，执法过程要严格遵循法定程序，执法结果不能突破法律的界限等，这是现代法治国家对行政执法活动提出的最基本要求。

2. 合理性原则

这是指行政机关在执法时应当权衡多方面的利益因素和情境因素，在严格执行规则的前提下做到公平、公正、合理、适度，避免由于滥用自由裁量权而形成执法轻重不一、标准失范的结果。

3. 信赖利益保护原则

信赖利益保护原则，是指当个人对行政机关作出的行政处分已产生信赖利益，并且这种信赖利益因其具有正当性而应得到保护时，行政机关不得撤销这种信赖利益，类似于民法中的“诚实信用原则”。例如，我国《行政许可法》第 8 条规定：“公民、法人或者其他组织依法取得的行政许可受法律保护，行政机关不得擅自改变已经生效的行政许可。行政许可所依据的法律、法规、规章修改或者废止，或者准予行政许可所依据的客观情况发生重大变化的，为了公共利益的需要，行政机关可以依法变更或者撤回已经生效的行政许可。由此给公民、法人或者其他组织造成财产损失的，行政机关应当依法给予补偿。”

4. 效率原则

这是指行政机关应当在依法行政的前提下，讲究效率，主动有效地行使其权能，减少行政资源耗费，取得最大的行政执法效益。

5. 比例原则

指行政主体实施行政行为应兼顾行政目标的实现和保

护相对人的权益，如果行政目标的实现可能对相对人的权益造成不利影响，则这种不利影响应被限制在尽可能小的范围和限度之内。例如，我国《突发事件应对法》第11条第1款规定："有关人民政府及其部门采取的应对突发事件的措施，应当与突发事件可能造成的社会危害的性质、程度和范围相适应；有多种措施可供选择的，应当选择有利于最大程度地保护公民、法人和其他组织权益的措施。"

五、公正司法

公正是法治的生命线。司法公正对社会公正具有重要引领作用，司法不公对社会公正具有致命破坏作用。必须完善司法管理体制和司法权力运行机制，规范司法行为，加强对司法活动的监督，努力让人民群众在每一个司法案件中感受到公平正义。

（一）完善确保依法独立公正行使审判权和检察权的制度

各级党政机关和领导干部要支持法院、检察院依法独立公正行使职权。建立领导干部干预司法活动、插手具体案件处理的记录、通报和责任追究制度。任何党政机关和领导干部都不得让司法机关做违反法定职责、有碍司法公正的事情，任何司法机关都不得执行党政机关和领导干部违法干预司法活动的要求。对干预司法机关办案的，给予党纪政纪处分；造成冤假错案或者其他严重后果的，依法追究刑事责任。

健全行政机关依法出庭应诉、支持法院受理行政案件、尊重并执行法院生效裁判的制度。完善惩戒妨碍司法机关依法行使职权、拒不执行生效裁判和决定、藐视法庭权威等违法犯罪行为的法律规定。

建立健全司法人员履行法定职责保护机制。非因法定事由，非经法定程序，不得将法官、检察官调离、辞退或者作出免职、降级等处分。

经典言论

公生明，廉生威。

原典：

吏不畏吾严而畏吾廉，民不服吾能而服吾公；公则民不敢慢，廉则吏不敢欺；公生明，廉生威。

——（明）年富《官箴》刻石

（二）优化司法职权配置

健全公安机关、检察机关、审判机关、司法行政机关各司其职，侦查权、检察权、审判权、执行权相互配合、相互制约的体制机制。

完善司法体制，推动实行审判权和执行权相分离的体制改革试点。完善刑罚执行制度，统一刑罚执行体制。改革司法机关人财物管理体制，探索实行法院、检察院司法行政事务管理权和审判权、检察权相分离。

最高人民法院设立巡回法庭，审理跨行政区域重大行政和民商事案件。探索设立跨行政区划的人民法院和人民检察院，办理跨地区案件。完善行政诉讼体制机制，合理调整行政诉讼案件管辖制度，切实解决行政诉讼立案难、审理难、执行难等突出问题。

知识百科

2015 年 1 月，最高人民法院第一巡回法庭和第二巡回法庭分别在深圳、沈阳正式成立。2016 年 12 月，继深圳、沈阳后，最高人民法院第三、第四、第五、第六巡回法庭在南京、郑州、重庆、西安四座城市相继挂牌成立。

改革法院案件受理制度，变立案审查制为立案登记制，对人民法院依法应该受理的案件，做到有案必立、有诉必理，保障当事人诉权。加大对虚假诉讼、恶意诉讼、无理缠诉行为的惩治力度。完善刑事诉讼中认罪认罚从宽制度。

完善审级制度，一审重在解决事实认定和法律适用，二审重在解决事实法律争议、实现二审终审，再审重在解决依法纠错、维护裁判权威。完善对涉及公民人身、财产权益的行政强制措施实行司法监督制度。检察机关在履行职责中发现行政机关违法行使职权或者不行使职权的行为，应该督促其纠正。探索建立检察机关提起公益诉讼制度。

明确司法机关内部各层级权限，健全内部监督制约机制。司法机关内部人员不得违反规定干预其他人员正在办理的案件，建立司法机关内部人员过问案件的记录制度和责任追究制度。完善主审法官、合议庭、主任检察官、主办侦查员办案责任制，落实谁办案谁负责。

加强职务犯罪线索管理，健全受理、分流、查办、信息反馈制度，明确纪检监察和刑事司法办案标准和程序衔接，依法严格查办职务犯罪案件。

经典言论

一次不公正的审判，其恶果甚至超过十次犯罪。因为犯罪是无视法律，好比污染了水流，而不公正的审判则毁坏法律，好比污染了水源。

——〔英〕培根

（三）推进严格司法

坚持以事实为根据、以法律为准绳，健全事实认定符合客观真相、办案结果符合实体公正、办案过程符合程序公正的法律制度。加强和规范司法解释和案例指导，统一法律适用标准。

推进以审判为中心的诉讼制度改革，确保侦查、审查起诉的案件事实证据经得起法律的检验。全面贯彻证据裁判规则，严格依法收集、固定、保存、审查、运用证据，完善证人、鉴定人出庭制度，保证庭审在查明事实、认定证据、保护诉权、公正裁判中发挥决定性作用。

明确各类司法人员工作职责、工作流程、工作标准，实行办案质量终身负责制和错案责任倒查问责制，确保案件处理经得起法律和历史检验。

理论补充

如何在刑事审判中做到“以审判为中心”

1. *严格贯彻证据裁判原则的要求*

首先，严格执行法定的证据采纳标准，把好证据审查判断关。

其次，严格执行法定的证明标准，依法准确认定案件事实。

最后，严格落实疑罪从无原则，切实防范冤假错案发生。人民法院应当坚持严格依法裁判，杜绝疑罪从有、从轻、从挂等错误做法，真正做到有罪则判，无罪放人，不得违心下判或作出留有余地的判决。

2. *着力提高人权司法保障水平*

首先，严格实行非法证据排除规则，切实防止刑讯逼供、非法取证。意见重申法律规定的非法证据排除规则，并对完善讯问程序提出明确要求。法院应当严格落实法律规定，对各类非法证据依法认定、严格排除，促使办案人员严格执行法定取证程序。同时要立足司法实践，进一步明确非法证据的范围和认定标准，减少非法证据排除规则适用中的法律争议。

其次，完善值班律师制度，依法维护被告人的合法权益。重视发挥值班律师的职能作用，有效减少审判过程中的程序性争议。

最后，完善法律援助制度，依法保障被告人的辩护权。健全依申请法律援助工作机制和办案机关通知辩护工作机制，依法保障辩护人在庭审中发问、质证、辩论辩护等权利，完善便利辩护人参与诉讼的工作机制。

3. 充分发挥庭审在查明事实、认定证据、保护诉权、公正裁判中的决定性作用

首先，要完善证人、鉴定人、侦查人员出庭作证制度，积极推进庭审实质化。要积极推动关键证人出庭作证，落实强制证人到庭制度，完善出庭作证保障机制，有效解决证人出庭率等问题。

其次，要规范法庭审理程序，落实公正审判的内在要求。根据意见，要规范法庭调查程序，证明被告人有罪或者无罪、罪轻或者罪重的证据，都应当在法庭上出示，依法保障控辩双方质证权利；要完善法庭辩论规则，依法保障被告人及其辩护人的辩护辩论权，有效解决争议问题；要完善当庭宣判和定期宣判制度，真正做到“诉讼证据出示在法庭”“案件事实查明在法庭”“控辩意见发表在法庭”“裁判结果形成在法庭”。

4. 完善审判程序繁简分流机制

充分发挥庭前会议功能，有效解决程序性争议。完善刑事案件速裁程序和认罪认罚从宽制度。积极总结试点经验，完善认罪认罚从宽制度的实施机制。

（四）保障人民群众参与司法

坚持人民司法为人民，依靠人民推进公正司法，通过公正司法维护人民权益。在司法调解、司法听证、涉诉信访等司法活动中保障人民群众参与。完善人民陪审员制度，保障公民陪审权利，扩大参审范围，完善随机抽选方式，提高人民陪审制度公信度。逐步实行人民陪审员不再审理法律适用问题，只参与审理事实认定问题。

构建开放、动态、透明、便民的阳光司法机制，推进审判公开、检务公开、警务公开、狱务公开，依法及时公开执法司法依据、程序、流程、结果和生效法律文书，杜绝暗箱操作。加强法律文书释法说理，建立生效法律文书统一上网和公开查询制度。

（五）加强人权司法保障

强化诉讼过程中当事人和其他诉讼参与人的知情权、陈述权、辩护辩论权、申请权、申诉权的制度保障。健全落实罪刑法定、疑罪从无、非法证据排除等法律原则的法律制度。完善对限制人身自由司法措施和侦查手段的司法监督，加强对刑讯逼供和非法取证的源头预防，健全冤假错案有效防范、及时纠正机制。

切实解决执行难，制定强制执行法，规范查封、扣押、冻结、处理涉案财物的司法程序。加快建立失信被执行人信用监督、威慑和惩戒法律制度。依法保障胜诉当事人及时实现权益。

落实终审和诉讼终结制度，实行诉访分离，保障当事人依法行使申诉权利。对不服司法机关生效裁判、决定的申诉，逐步实行由律师代理制度。对聘不起律师的申诉人，纳入法律援助范围。

（六）加强对司法活动的监督

完善检察机关行使监督权的法律制度，加强对刑事诉讼、民事诉讼、行政诉讼的法律监督。完善人民监督员制度，重点监督检察机关查办职务犯罪的立案、羁押、扣押冻结财物、起诉等环节的执法活动。司法机关要及时回应社会关切。规范媒体对案件的报道，防止舆论影响司法公正。

理论补充

司法的基本原则

1. 以事实为根据，以法律为准绳原则

以事实为根据，是指司法机关处理案件时，只能以被证据证明了的事实为依据，审判结果不能建立在虚构或假想之上。法律上的事实是通过证据描摹和再现的，因此，有证据就有事实，没有证据就没有事实，而没有事实就不能对任何人进行惩罚。在任何诉讼中，证据的收集和获取必须合法，以违法手段获取的证据不能作为定案的依据。

以法律为准绳，意味着司法机关要严格按照诉讼法和实体法的规定来启动审判程序，确定案件性质，厘析法律关系，分配当事人的权利义务，归结法律责任，并作出最后的裁判。当然，以法律为准绳，并不意味着排除其他社会规范在司法中的运用，事实上，起码在民事审判中，法官有时候还需要运用风俗习惯、道德原则和法理学说。

2. 司法平等原则

在现代社会，平等成为法律的基本原则，尤其在司法审判中，法律面前人人平等，成为现代社会的基本共识。人和人之间可能在诸多方面存在差异，比如财产、知识、职业等，但是在司法审判面前，在神圣的法庭之上，每一个人都是平等的。司法平等的原则要求国家司法机关在处理案件时，对于任何公民，不论其民族、性别、职业、宗教信仰、教育程度、财产状况等方面存在任何差异，在适用法律上应当一律平等对待。任何公民的合法权益受到伤害，都应给予平等的司法救济和法律保护，任何公民从事了违法犯罪行为，都应平等地受到司法审判和法律制裁。司法女神反对歧视和特权，在她慈母般的目光中，每一个人都有同等的权利和地位，都会受到同样的关怀和对待。

3. 司法机关依法独立行使职权原则

司法机关依法独立行使职权原则要求司法机关在整个审判过程中必须独立分析、独立裁判，只认可事实，只服从法律，不受任何行政机关、资本集团、新闻媒体、社会团体和个人的干涉，做到孟子所说的“富贵不能淫，贫贱不能移，威武不能屈”。根据我国宪法和有关法律，这项原则的基本涵义是：

（1）司法权的专属性，即国家的司法权只能由国家各级审判机关和检察机关统一行使，其他任何机关、团体和个人都无权行使此项权力；

（2）行使职权的独立性，即人民法院、人民检察院依照法律独立行使自己的职权，不受行政机关、社会团体和个人的非法干涉；

（3）行使职权的合法性，即司法机关审理案件必须严格依照法律规定，正确适用法律，不得滥用职权，枉法裁判。

4. 司法责任原则

该原则是指司法机关和司法人员在行使司法权过程中由于侵犯公民、法人和其他社会组织的合法权益，造成严重后果而承担相应责任。司法责任原则是权力与责任相统一的法治原则在司法领域的体现。

六、全民守法

法律的权威源自人民的内心拥护和真诚信仰。人民权益要靠法律保障，法律权威要靠人民维护。必须弘扬社会主义法治精神，建设社会主义法治文化，增强全社会厉行法治的积极性和主动性，形成守法光荣、违法可耻的社会氛围，使全体人民都成为社会主义法治的忠实崇尚者、自觉遵守者、坚定捍卫者。

经典言论

虽有良法，要是人民不能全都遵守，仍不能实现法治。

——〔古希腊〕亚里士多德

一切法律中最重要的法律，既不是刻在大理石上，也不是刻在铜表上，而是铭刻在公民的内心里。

——〔法〕卢梭

（一）推动全社会树立法治意识

坚持把全民普法和守法作为依法治国的长期基础性工作，深入开展法治宣传教育，引导全民自觉守法、遇事找法、解决问题靠法。坚持把领导干部带头学法、模范守法作为树立法治意识的关键，完善国家工作人员学法用法制度，把宪法法律列入党委（党组）中心组学习内容，列为党校、行政学院、干部学院、社会主义学院必修课。把法治教育纳入国民教育体系，从青少年抓起，在中小学设立法治知识课程。

健全普法宣传教育机制，各级党委和政府要加强对普法工作的领导，宣传、文化、教育部门和人民团体要在普法教育中发挥职能作用。

实行国家机关“谁执法谁普法”的普法责任制，建立法官、检察官、行政执法人员、律师等以案释法制度，加强普法讲师团、普法志愿者队伍建设。把法治教育纳入精神文明创建内容，开展群众性法治文化活动，健全媒体公益普法制度，加强新媒体新技术在普法中的运用，提高普法实效。

牢固树立有权力就有责任、有权利就有义务观念。加强社会诚信建设，健全公民和组织守法信用记录，完善守法诚信褒奖机制和违法失信行为惩戒机制，使尊法守法成为全体人民共同追求和自觉行动。

加强公民道德建设，弘扬中华优秀传统文化，增强法治的道德底蕴，强化规则意识，倡导契约精神，弘扬公序良俗。发挥法治在解决道德领域突出问题中的作用，引导人们自觉履行法定义务、社会责任、家庭责任。

理论补充

2013 年，最高人民法院出台了《关于公布失信被执行人名单信息的若干规定》，建立了对失信被执行人（俗称“老赖”）的联合惩戒机制。通过限制乘坐飞机、高铁，限制贷款、注册办企业、参加招投标、政府采购等，形成了多部门、多行业、多领域、多手段的联合惩戒网络。有效改变了失信者受不到应有惩罚，守信成本收益失衡，甚至失信收益高于守信收益的不正常现象；有效改变了债务人一边欠债不还，一边向银行贷款、注册新企业、购地买房住豪宅，出境旅游，奢侈消费的现象。最大限度挤压“老赖”的活动空间，让其“一处失信、处处受限”。

（二）推进多层次多领域依法治理

坚持系统治理、依法治理、综合治理、源头治理，提高社会治理法治化水平。深入开展多层次多形式法治创建活动，深化基层组织和部门、行业依法治理，支持各类社会主体自我约束、自我管理。发挥市民公约、乡规民约、行业规章、团体章程等社会规范在社会治理中的积极作用。

发挥人民团体和社会组织在法治社会建设中的积极作用。建立健全社会组织参与社会事务、维护公共利益、救助困难群众、帮教特殊人群、预防违法犯罪的机制和制度化渠道。支持行业协会商会类社会组织发挥行业自律和专业服务功能。发挥社会组织对其成员的行为导引、规则约束、权益维护作用。加强在华境外非政府组织管理，引导和监督其依法开展活动。

（三）建设完备的法律服务体系

推进覆盖城乡居民的公共法律服务体系建设，加强民生领域法律服务。完善法律援助制度，扩大援助范围，健全司法救助体系，保证人民群众在遇到法律问题或者权利受到侵害时获得及时有效法律帮助。

发展律师、公证等法律服务业，统筹城乡、区域法律服务资源，发展涉外法律服务业。健全统一司法鉴定管理体制。

（四）健全依法维权和化解纠纷机制

强化法律在维护群众权益、化解社会矛盾中的权威地位，引导和支持人们理性表达诉求、依法维护权益，解决好群众最关心最直接最现实的利益问题。

构建对维护群众利益具有重大作用的制度体系，建立健全社会矛盾预警机制、利益表达机制、协商沟通机制、救济救助机制，畅通群众利益协调、权益保障法律渠道。把信访纳入法治化轨道，保障合理合法诉求依照法律规定和程序就能得到合理合法的结果。

健全社会矛盾纠纷预防化解机制，完善调解、仲裁、行政裁决、行政复议、诉讼等有机衔接、相互协调的多元化纠纷解决机制。加强行业性、专业性人民调解组织建设，完善人民调解、行政调解、司法调解联动工作体系。完善仲裁制度，提高仲裁公信力。健全行政裁决制度，强化行政机关解决同行政管理活动密切相关的民事纠纷功能。

深入推进社会治安综合治理，健全落实领导责任制。完善立体化社会治安防控体系，有效防范化解管控影响社会安定的问题，保障人民生命财产安全。依法严厉打击暴力恐怖、涉黑犯罪、邪教和黄赌毒等违法犯罪活动，绝不允许其形成气候。依法强化危害食品药品安全、影响安全生产、损害生态环境、破坏网络安全等重点问题治理。

理论补充

社会治理中的“枫桥经验”

20 世纪 60 年代初，浙江省绍兴市诸暨县（现诸暨市）枫桥镇干部群众创造了“发动和依靠群众，坚持矛盾不上交，就地解决。实现捕人少，治安好”的“枫桥经验”，为此，1963 年毛泽东亲笔批示“要各地仿效，经过试点，推广去做”。“枫桥经验”由此成为全国政法战线一个脍炙人口的典型。之后，“枫桥经验”得到不断发展，形成了具有鲜明时代特色的“党政动手，依靠群众，预防纠纷，化解矛盾，维护稳定，促进发展”的枫桥新经验，成为新时期把党的群众路线坚持好、贯彻好的典范。从社会治理的角度讲，坚持自治、法治、德治“三治融合”是新时代“枫桥经验”的主要内容。要坚持以自治为基础、法治为保障、德治为先导，加强智能化建设，不断优化基层社会治理体系。

七、加强党对法治的领导

（一）坚持依法执政

依法执政是依法治国的关键。各级党组织和领导干部要深刻认识到，维护宪法法律权威就是维护党和人民共同意志的权威，捍卫宪法法律尊严就是捍卫党和人民共同意志的尊严，保证宪法法律实施就是保证党和人民共同意志的实现。各级领导干部要对法律怀有敬畏之心，牢记法律红线不可逾越、法律底线不可触碰，带头遵守法律，带头依法办事，不得违法行使权力，更不能以言代法、以权压法、徇私枉法。

健全党领导依法治国的制度和工作机制，完善保证党确定依法治国方针政策和决策部署的工作机制和程序。加强对全面依法治国统一领导、统一部署、统筹协调。完善党委依法决策机制，发挥政策和法律的各自优势，促进党的政策和国家法律互联互动。党委要定期听取政法机关工作汇报，做促进公正司法、维护法律权威的表率。党政主要负责人要履行推进法治建设第一责任人职责。各级党委要领导和支持工会、共青团、妇联等人民团体和社会组织在依法治国中积极发挥作用。

人大、政府、政协、审判机关、检察机关的党组织和党员干部要坚决贯彻党的理论和路线方针政策，贯彻党委决策部署。各级人大、政府、政协、审判机关、检察机关的党组织要领导和监督本单位模范遵守宪法法律，坚决查处执法犯法、违法用权等行为。

政法委员会是党委领导政法工作的组织形式，必须长期坚持。各级党委政法委员会要把工作着力点放在把握政治方向、协调各方职能、统筹政法工作、建设政法队伍、督促依法履职、创造公正司法环境上，带头依法办事，保障宪法法律正确统一实施。政法机关党组织要建立健全重大事项向党委报告制度。加强政法机关党的建设，在法治建设中充分发挥党组织政治保障作用和党员先锋模范作用。

理论补充

2019 年，中共中央印发了《中国共产党政法工作条例》（以下简称《条例》）。《条例》以党内基本法规的形式，对党领导新时代政法工作进行全面制度擘画，为党领导政法工作提供基本遵循，明确了党领导政法工作系列重大问题，主要包括：

第一，明确了制定《条例》目的是坚持和加强党对政法工作的领导、做好新时代党的政法工作，依据是党章、宪法和有关法律，阐明了政法工作的性质、指导思想、主要任务和原则等重大问题。

第二，明确了政法工作的领导主体及职责，规定了党中央对政法工作实施绝对领导等重大职权，以及地方党委、党委政法委员会、政法单位党组（党委）的主体责任等。

第三，明确了党领导政法工作的运行机制，规定了政法工作重大事项请示报告、决策和执行、监督和责任等制度。

（二）加强党内法规制度建设

党内法规既是管党治党的重要依据，也是建设社会主义法治国家的有力保障。党章是最根本的党内法规，全党必须一体严格遵行。完善党内法规制定体制机制，加大党内法规备案审查和解释力度，形成配套完备的党内法规制度体系。注重党内法规同国家法律的衔接和协调，提高党内法规执行力，运用党内法规把党要管党、从严治党落到实处，促进党员、干部带头遵守国家法律法规。

党的纪律是党内规矩。党规党纪严于国家法律，党的各级组织和广大党员干部不仅要模范遵守国家法律，而且要按照党规党纪以更高标准严格要求自己，坚定理想信念，践行党的宗旨，坚决同违法乱纪行为作斗争。对违反党规党纪的行为必须严肃处理，对苗头性倾向性问题必须抓早抓小，防止小错酿成大错、违纪走向违法。

依纪依法反对和克服形式主义、官僚主义、享乐主义和奢靡之风，形成严密的长效机制。完善和严格执行领导干部政治、工作、生活待遇方面各项制度规定，着力整治各种特权行为。深入开展党风廉政建设和反腐败斗争，严格落实党风廉政建设党委主体责任和纪委监督责任，对任何腐败行为和腐败分子，必须依纪依法予以坚决惩处，决不手软。

经典言论

法令既行，纪律自正，则无不治之国，无不化之民。

——（宋）包拯《致君》

（三）提高党员干部法治思维和依法办事能力

党员干部是全面依法治国的重要组织者、推动者、实践者，要自觉提高运用法治思维和法治方式深化改革、推动发展、化解矛盾、维护稳定能力，高级干部尤其要以身作则、以上率下。把法治建设成效作为衡量各级领导班子和领导干部工作实绩重要内容，纳入政绩考核指标体系。把能不能遵守法律、依法办事作为考察干部重要内容，在相同条件下，优先提拔使用法治素养好、依法办事能力强的干部。对特权思想严重、法治观念淡薄的干部要批评教育，不改正的要调离领导岗位。

第 2 讲　法理学

学习提示：

法理学部分，虽然近年直接出题的机会不多，但由于法理学的知识对回答任何论述题都是有参考意义的，几乎所有论述题或多或少都需要从法理学层面进行思考，因而，掌握法理学的一般理论，对于回答论述题不可缺少。法理学的内容不需要记忆，最重要的是理解，并且能够活学活用。

一、法律的原则

法律原则，是指为法律规则提供某种基础或本源的、综合性的、指导性的原理或价值准则的一种法律规范。

（一）部门法中代表性的法律原则

1. 刑法中的罪刑法定原则

罪刑法定原则来自于拉丁文的著名法谚："没有法律就没有犯罪，没有法律就没有刑罚"。罪刑法定原则以抵制刑罚权滥用和保障犯罪嫌疑人人权为核心内容，其涵义包括以下几个方面：

（1）成文法是刑法的渊源。规定犯罪及其刑罚的法律必须是立法机关制定的成文法，行政规章、习惯法、判例等均不应作为刑法的渊源，不能成为刑罚的依据。

（2）刑法的处罚范围与处罚程度必须具有合理性。只能将值得刑罚科处的行为规定为犯罪，禁止将轻微危害行为当作犯罪处理，对犯罪行为的处罚程度必须适应现阶段一般人的价值观念。

（3）禁止不利于行为人的事后法，禁止溯及既往。罪刑法定原则要求必须由法律在事先对犯罪与刑罚作出规定并公之于众，以便人们了解和遵守，不得用事后制定的法律约束人们以前的行为。但是，从人权保障的角度考虑，如果新刑法对某种犯罪行为的处罚较旧法更轻，则允许新法具有溯及力。

（4）禁止类推适用。在罪刑法定原则下，通过类推将法律没有明文规定的行为认定为犯罪是与罪刑法定原则的基本精神相冲突的，因而一般也是为法律所禁止的。

经典言论

刑法比其他法的领域更需要法的安定性，因为只有成文法才能保证法的安定性，故此每一部现代刑法典都将刑法完全浇注为成文法的形式。

——〔德〕拉德布鲁赫

2. 民法中的公序良俗原则

公序良俗是公共秩序和善良风俗的合称。公序良俗原则要求民事活动的形式、内容及目的不得违反公共秩序和善良风俗。公序良俗原则对意思自治原则构成了一种制衡，在强调个人权利和个性自由的现代社会，公序良俗原则的存在具有维护国家利益、社会公共利益及一般道德观念的重要功能。

从审判的角度讲，公序良俗原则具有填补法律漏洞的功效。公序良俗原则包含了法官自由裁量的因素，具有极大的灵活性，能够处理现代社会发生的各种新问题，在保护国家利益和公共利益、维护社会正义方

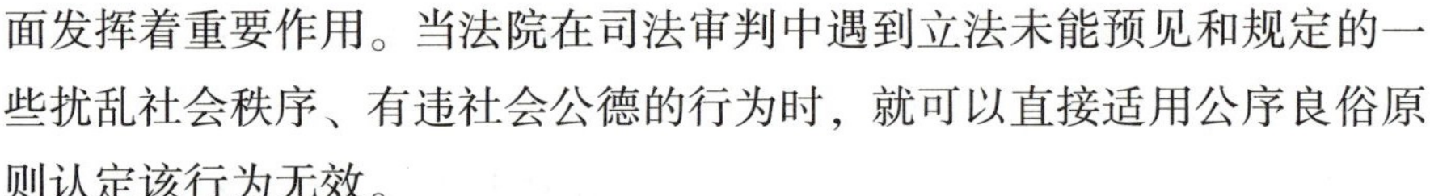

面发挥着重要作用。当法院在司法审判中遇到立法未能预见和规定的一些扰乱社会秩序、有违社会公德的行为时，就可以直接适用公序良俗原则认定该行为无效。

3. 刑事诉讼法中的无罪推定原则

贝卡利亚在他 1764 年所著的《论犯罪与刑罚》一书中指出："在没有做出有罪判决以前，任何人都不能称为罪犯。……如果犯罪行为没有得到证明，那就不应折磨无罪的人。因为任何人，当他的罪行没有得到证明的时候，根据法律他应当被看作是无罪的人。" 1789 年法国的《人权宣言》第 9 条规定，"对任何人，凡未宣告为有罪以前，皆应视为无罪"，无罪推定作为一项诉讼原则在法律上得到了正式确认。

无罪推定原则的基本含义是指在刑事诉讼中，任何受到刑事追诉的人在未经法院最终判决其有罪之前，都应被推定为无罪。建立该原则的基本目的在于确定被追诉者在刑事诉讼中的角色和地位，保障被追诉者能够成为诉讼中的主体，享有以辩护权为核心的各项诉讼权利。

（二）法律原则的适用条件

现代法理学一般都认为法律原则可以克服法律规则的僵硬性缺陷，弥补法律漏洞，保证个案正义，在一定程度上缓解了规范与事实之间的缝隙，从而能够使法律更好地与社会相协调一致。但由于法律原则内涵高度抽象，外延宽泛，不像法律规则那样对假定条件和行为模式有具体明确的规定，所以当法律原则直接作为裁判案件的标准发挥作用时，会赋予法官较大的自由裁量权，从而不能完全保证法律的确定性和可预测性。

为了将法律原则的不确定性减小在一定程度之内，需要对法律原则的适用设定严格的条件：

第一，穷尽法律规则，方得适用法律原则。

第二，除非为了实现个案正义，否则不得舍弃法律规则而直接适用法律原则。这个条件要求，如果某个法律规则适用于某个具体案件，没有产生极端的人们不可容忍的不正义的裁判结果，法官就不得轻易舍弃法律规则而直接适用法律原则。

第三，没有更强理由，不得径行适用法律原则。在已存有相应规则的前提下，若通过法律原则改变既存之法律规则或者否定规则的有效性，却提出比适用该规则分量相当甚至更弱的理由，那么适用法律原则就没有逻辑证明力和说服力。

二、法的基本价值

（一）自由

自由是相对于强制而言的，英国哲学家罗素指出："自由的最基本意义乃是个体或群体的行动不受外在的控制。"法律意义上的自由，是指主体的行为与法律规范的统一。在法律上，自由意味着主体可以自主地选择和实施一定的行为，同时，这种行为又必须与法律规范中所规定的行为模式相一致。当主体的自由被法律作为一种权利而确认以后，就意味着任何人和机构都不能强迫权利主体去做法律不强制他做的事；另一方面，也意味着权利主体只能在法律界定的范围之内做他想做的事。

法律必须保护公民的自由，但拥有自由决不意味着就可以为所欲为。相反，自由意味着必须在法律规定的范围之内活动，必须接受法律的约束。法对自由的限制，必须有一定的条件和充足的理由，这就涉及一个自由限制的证成问题。在西方，法哲学家们提出了很多关于自由限制的理论，其中比较流行的有伤害原则、法律家长主义、冒犯原则等。

1. 伤害原则

伤害原则最早是由英国思想家密尔提出的。在密尔看来，应当给予个人最广泛和最大限度的自由，但是，如果不加限制随心所欲，则必然引发伤害。因此，他把人的行为分为自涉性行为和涉他性行为，前者只影响自己利益或者仅仅伤害到自己，而后者则会影响或伤害他人。基于这个区分，密尔指出，只有伤害他人的行为才是法律调控和干预的对象，而未伤害任何人或仅仅伤害自己的行为不应受到法律的惩罚。简单来说，社会干预个人行动自由的唯一目的是社会的自我保护，只有为了阻止对别人和公共的伤害，法律对社会成员的限制才是合理的。这就是著名的“伤害原则”，又叫“密尔原则”。[1]

2. 法律家长主义

法律家长主义也被称为父爱主义（Legal Paternalism），其基本思想是，禁止自我伤害的法律，即家长式法律强制是合理的。家长式法律强制指为了被强制者自己的福利、需要、利益和幸福，而由国家对一个人的自由进行法律干涉。比如，法律要求开车必须系安全带，法律禁止自杀，禁止同性恋，禁止各种形式的赌博，对精神病人或染上毒瘾的人实行民事拘押或收养以及强制戒毒，等等。在这里，法律不仅阻止他们进行自我伤害，而且还强制保护或促进自我利益，当然与此同时，法律也保护了公共利益。法律家长主义的出发点是为了保护私人自身的幸福，为了让每个个体拥有真实的幸福，法律可以如同一位慈爱的父亲，霸道地对其子女的自我损害的行为进行干预和限制。

3. 冒犯原则

所谓“冒犯原则”（Offence Principle），最早是由美国法学会《标准刑法典》委员会提出来的，它的基本思想是：法律禁止那些虽不伤害别人但却“冒犯别人的行为”，这是合理的。一般来说，“冒犯行为”是指那些会使人感到愤怒、羞耻、惊恐的淫荡行为或放肆行为，比如公众忌讳的性行为、虐待尸体、亵渎国旗等。法律之所以要禁止或制裁这些行为，是因为这些行为公然地侮辱了公众的道德信念、善良情感和社会风尚。

---

〔1〕 张文显：《二十世纪西方法哲学思潮研究》，法律出版社2006年版，第461页。

（二）正义

人是一种群居的动物，需要在社会中生存，而一个健康的社会必须是一个正义的社会，有正义的制度，有正义的生活，作恶者及时得到惩罚，受害者及时得到救济。从古至今，作为一种社会观念和社会理想，正义如同一座灯塔，指引着人类政治和法律前行的方向。在不同的时期，每个国家和民族都有自己的正义标准和正义要求，而这成为推动其法律文明不断发展的巨大力量。

法与正义的关系：

（1）正义是内在于法律中的某种东西。如果我们说法律是一种规范体系，那么程序正义和形式正义的某些方面就是内在于法律的，也就是说作为规范体系的法律体现了程序正义和形式正义。

（2）正义是检测法律的一种尺度或标准。这是指法应该与正义相一致，这里的“正义”代表了一种实质的道德规准。法应该按照某种方式分配权利和义务，否则它就是不正义的。

作为法的价值的正义主要涉及的是分配正义。分配正义涉及的对象是一个共同体或社会如何分配其成员作为共同体的一个分子的基本权利与义务，如何划分由大家的合作所产生的利益与负担。它所遵循的准则有：

（1）平等原则或无差别原则，即每一个人作为社会或共同体的成员享有相同的基本的社会权利与义务，而且每个社会成员所享有的基本的社会权利与义务之间是相一致的。

（2）差别原则，所谓差别原则就是指每个社会成员得到自己应该得到的份额，所谓“应该得到的”是指按照每个社会成员的贡献进行分配。

（3）个人需求的原则。按照贡献进行分配就可能导致下列结果：某些人因其先天的缺陷包括生理和心理的缺陷而无法获得维持其作为人的价值与尊严的物和东西。每个人作为人自身就是目的，因此，即使他因先天的因素作出的贡献很小或没有作出贡献，但是他作为人应该得到维持其存在的物与东西，即满足他作为人的必然的客观的个人需求。

三、司法裁判中的释法说理

（一）裁判文书释法说理的意义

裁判文书释法说理的目的是通过阐明裁判结论的形成过程和正当性理由，提高裁判的可接受性，实现法律效果和社会效果的有机统一；其主要价值体现在增强裁判行为公正度、透明度，规范审判权行使，提升司法公信力和司法权威，发挥裁判的定分止争和价值引领作用，弘扬社会主义核心价值观，努力让人民群众在每一个司法案件中感受到公平正义，切实维护诉讼当事人合法权益，促进社会和谐稳定。

（二）裁判文书释法说理的类型

裁判文书释法说理，要阐明事理，说明裁判所认定的案件事实及其根据和理由，展示案件事实认定的客观性、公正性和准确性；要释明法理，说明裁判所依据的法律规范以及适用法律规范的理由；要讲明情理，体现法理情相协调，符合社会主流价值观；要讲究文理，语言规范，表达准确，逻辑清晰，合理运用说理技巧，增强说理效果。

（三）裁判文书释法说理的标准

裁判文书释法说理，要立场正确、内容合法、程序正当，符合社会主义核心价值观的精神和要求；要围绕证据审查判断、事实认定、法律适用进行说理，反映推理过程，做到层次分明；要针对诉讼主张和诉讼争点、结合庭审情况进行说理，做到有的放矢；要根据案件社会影响、审判程序、诉讼阶段等不同情况进行繁简适度的说理，简案略说，繁案精说，力求恰到好处。

（四）裁判文书释法说理的要求

诉讼各方对案件法律适用无争议且法律含义不需要阐明的，裁判文书应当集中围绕裁判内容和尺度进行释法说理。诉讼各方对案件法律适用存有争议或者法律含义需要阐明的，法官应当逐项回应法律争议焦点并说明理由。法律适用存在法律规范竞合或者冲突的，裁判文书应当说明选择的理由。民事案件没有明确的法律规定作为裁判直接依据的，法官应当首先寻找最相类似的法律规定作出裁判；如果没有最相类似的法律规定，法官可以依据习惯、法律原则、立法目的等作出裁判，并合理运用法律方法对裁判依据进行充分论证和说理。法官行使自由裁量权处理案件时，应当坚持合法、合理、公正和审慎的原则，充分论证运用自由裁量权的依据，并阐明自由裁量所考虑的相关因素。

（五）裁判文书释法说理的论据

除依据法律法规、司法解释的规定外，法官可以运用下列论据论证裁判理由，以提高裁判结论的正当性和可接受性：最高人民法院发布的指导性案例；最高人民法院发布的非司法解释类审判业务规范性文件；公理、情理、经验法则、交易惯例、民间规约、职业伦理；立法说明等立法材料；采取历史、体系、比较等法律解释方法时使用的材料；法理及通行学术观点；与法律、司法解释等规范性法律文件不相冲突的其他论据。

（六）裁判文书释法说理的文风

裁判文书行文应当规范、准确、清楚、朴实、庄重、凝练，一般不得使用方言、俚语、土语、生僻词语、古旧词语、外语；特殊情形必须使用的，应当注明实际含义。裁判文书释法说理应当避免使用主观臆断的表达方式、不恰当的修辞方法和学术化的写作风格，不得使用贬损人格尊严、具有强烈感情色彩、明显有违常识常理常情的用语，不能未经分析论证而直接使用“没有事实及法律依据，本院不予支持”之类的表述作为结论性论断。

四、法律与道德

（一）法与道德关系的争论

自然法学和分析法学在很多问题上的观点是对立的，尤其在法与道德这个核心命题上，两大学派曾展开过长期的争论。

自然法秉承源于古希腊的法律二元论的传统，主张法律与道德应当具有内在的统一，法律应当体现道德和基本人性的要求，国家的制定法必须符合正义的自然法；反过来，如果国家的法律违背了人类社会的道德共识和基本良知，那它就不配再被称为“法律”。简单地说，即“恶法非法”。

实证分析法学派则认为：“法律是什么”的问题与“法律应当是什么”的问题是互相分离的，法律与道德存在着根本上的差异，将两者人为地连接只会使法律变得怪诞和模糊。在凯尔森看来，“法律概念没有丝毫的道德涵义”[1]，因此他主张将价值判断和意识形态因素从法学中完全排除出去。分析法学在法律与道德问题上的基本观点体现在其著名的“分离命题”（Separability Thesis）中：法律的有效性并不在于它是否与道德准则或高级法相一致，而是来自于立法程序所要求的条件是否得以满足。就像奥斯汀在《法理学范围的限定》中的表述：“法律的存在是一回事，其好与坏是另外一回事；法是否存在是一个问题，它是否符合某一假设的标准是另一个问题；一个实际存在的法就是法，即使我们恰巧不喜欢它。”所以，“恶法亦法”。

自然法学与分析法学在法律与道德命题上的争论不但对法学发展产生了深远影响，而且还影响和改变了西方法律制度的设计和实施。分析法学主张对法律进行内在的形式关注保障了现代法律具有明确、统一和

---

〔1〕［美］E. 博登海默：《法理学：法律哲学与法律方法》，邓正来译，中国政法大学出版社 1999 年版，第 376 页。

可计算性的优点；自然法学关心的法律的道德评价不断引导法律走向正途，而对国家制定法的警惕使之避免了成为暴政的工具。

典型案例

德国告密者案

1944 年，一个德国士兵私下里向他妻子说了一些他对希特勒及纳粹党其他领导人物不满的话。他的妻子因为在他长期离家服兵役期间“已投向另一个男子的怀抱”，并想除掉她的丈夫，就把他的言论报告给了当地的纳粹党头目。结果，她丈夫遭到了军事特别法庭的审讯，被判处死刑。经过短时期的囚禁后，未被处死，又被送到了前线。

纳粹政权倒台后，那个妻子因设法使其丈夫遭到囚禁而被送上法庭。她的抗辩理由是：据当时有效的法律，她丈夫对她所说的关于希特勒及纳粹党的言语已构成犯罪。因此，当她告发她丈夫时，她仅仅是使一个罪犯归案受审。她的辩护理由没有被接受，德国法院认为：“妻子向德国法院告发丈夫导致丈夫的自由被剥夺，虽然丈夫是被法院以违法的理由被宣判的，但是，这种法律违背了所有正常人的健全良知和正义观念”，后来的许多案件都采用了这种推理方式，在有些案件中，法院明确宣布，“完全否认人格价值和尊严的法律不能够被看作是法。”

（二）法与道德在功能上的联系

在一个成熟安静的社会里，法律与道德之间是相互关联、相互扶持的。一方面，法律与道德在内容和取向上虽存在差异，但主要方面却是相互渗透、相互交织的。法律必须和必然体现大部分的道德要求，否则法律很难得到社会的认可和遵守，所以人们说“法律是最低限度的道德”。法律与道德在价值取向和追求上也存在共性，它们都渴望实现人际和谐，实现社会的公正、自由与正义。另一方面，法律与道德在实施中相互扶持，在功能上形成互补。由于法律体现了道德的基本精神和要求，所以通过法律教育和法律实施，通过对合法行为的保护和对违法行为的处罚，可以促进道德的实现，提高人们的道德素质。与此同时，道德对法律的实施具有积极的促进作用，良好的道德状况有助于法的更有效实现，有助于减少违法行为和执法成本。总之，法律与道德形成良性互动，各得其所、各司其职，则社会必然和谐繁荣。

但是，在某些领域或某些情况下，法律与道德之间也有可能出现矛盾与冲突。法律与道德的冲突不仅会给司法带来困惑，更主要的则是给立法提出难题：对于道德上的合理要求，能否将其直接转化为法律义务，从而避免合理不合法的情形出现？这个问题在法学上被称之为“道德的法律强制”（Legal Enforcement of Morality）。对于这个问题，有人主张法律必须支持道德，道德的要求重要到一定程度就必然要转化为法律要求，两者之间并没有不可逾越的界限和鸿沟，但也有人坚决反对这种主张，认为这是法律道德化和法律万能论的危险尝试。在思想家密尔的《论自由》一书中，他提出了两个原则：“第一，个人的行动只要不涉及自身以外什么人的利害，个人就不必向社会负责交代。……第二，关于对他人利益有害的行为，个人则应当负责交代，并且还应当承受或是社会的或是法律的惩罚，假如社会的意见认为需要用这种或那种惩罚来保护它自己的话。”也就是说，某种行为即使不道德，但并未对他人利益有害，则不应用法律去惩罚，法律没有实施道德的义务。

典型案例

英国《同性恋和卖淫调查委员会报告》

20 世纪 40 年代以来，英国的同性恋人数猛增。但是在传统法律中，同性恋一直为法律所禁止甚至要受到非常严厉的制裁。为了争取自己的合法权利，英国同性恋者成立了组织并开展了长期的斗争。

1954 年，英国议会任命了一个特别委员会——“同性恋与卖淫调查委员会”［“沃尔芬登（Wolfenden）委员会”］，来调查同性恋与卖淫问题，并就此提出法律改革的立法建议。该委员会于 1957 年提交报告，建议改革有关同性恋和卖淫的刑法。其主旨是：不应继续把同性恋和卖淫行为作为犯罪惩罚，但是应通过一项法律禁止公开卖淫。报告说：“我们认为，它（刑法）的功能是在于维持公共秩序及体面的行为，对公民进行保护，使他们不受到侵犯和伤害，并且提供充分的安全措施以防止剥削和腐化他人，尤其是对于那些因为年轻、身心较弱、没有经验，或者是特别在现实上、身份处境上以及经济上要依赖他人者。……成年人之间同意且在私下进行的同性恋行为，不应再被视为犯罪。……在私人道德领域，社会与法律应该给予个人选择及行动的自由。……法律应当留下一个属于私人道德与不道德的领域，这个领域，简言之，不关法律的事。”

最后，沃尔芬登报告中的建议得到立法上的贯彻和体现，同性恋不再被视为犯罪行为。“沃尔芬登报告”是法学史上一个重大的事件，报告出台后曾在英国引发了德富林勋爵和分析法学家哈特之间的激烈争论。

五、法律与科技

1. 科技对立法的影响

首先，科技的发展扩大了法律调整的社会关系的范围。科技发展对一些传统法律领域提出了新问题，使民法、刑法、国际法等传统法律部门面临着种种挑战，要求各个法律部门的发展要不断深化。

其次，科技的发展在一定程度上提高了立法的质量和水平。新的科技手段被运用于立法，增强了立法的民主性、透明性，使得立法具备了以前所不可比拟的信息基础。

2. 科技对司法的影响

司法过程中事实认定和法律适用的环节越来越深刻地受到了现代科学技术的影响。电子证据的出现挑战了既有的证据法则和事实认定的基础，人工智能和大数据技术的发展改变了法官的思维方式，一定程度上减轻了法官的工作负担，提高了同案同判的可能性。

3. 法律要对科技进行合理的规范

科技发展带来了很多伦理和法律上的困境和难题，如器官移植、克隆技术、变性手术、冷冻胚胎、人工代孕等社会现象的出现，这些都需要法律及时做出应对。科技本身是中立的，但人类对科技成果的误用和滥用会带来现实的或潜在的社会危害。因此，既要有相应的立法预先对科技活动进行规制，也要对科技活动产生的损害给予法律救济。

典型案例

据《广州日报》报道，广州番禺一对富商夫妇久婚不孕，2010 年初借助试管婴儿技术孕育的 8 个胚胎竟然全部成功，大喜望外的富商夫妇最终找来两位代孕妈妈，再加上自身共 3 个子宫采取“2+3+3”队形，先后生下了四男四女八胞胎。

另据《新京报》报道，北京“卵子黑市”取卵、代孕等多环节的黑色产业链。他们瞄准北京高校，对北大、清华等名校女生卵子出价数万，而这只是全国卵子黑市的冰山一角。

第2编 热点问题

学习提示：

中国特色社会主义法治理论部分的论述题，会受到当前党和国家中心任务和法治热点问题的影响。因此，这里我们就近几年法治的一些理论和实践热点进行了归纳，供考生在复习中进行参考。除了阅读以下的理论内容外，考生还要注意关注法治新闻，经常阅读一些法治时评文章，保持对中国法治热点话题的关注和思考。

第3讲 法治理论的最新发展

一、习近平新时代全面依法治国思想（重点摘编）[1]

（一）坚定不移走中国特色社会主义法治道路

1. 全面推进依法治国必须走对路

中国特色社会主义法治道路，是社会主义法治建设成就和经验的集中体现，是建设社会主义法治国家的唯一正确道路。习近平总书记强调，我国法治建设的成就，可以列举出十几条、几十条，但归结起来就是开辟了中国特色社会主义法治道路这一条。在坚持和拓展中国特色社会主义法治道路这个根本问题上，要树立自信、保持定力。

2. 中国特色社会主义法治道路的核心要义

中国特色社会主义法治道路的核心要义，就是要坚持党的领导，坚持中国特色社会主义制度，贯彻中国特色社会主义法治理论。党的领导是中国特色社会主义最本质的特征，是社会主义法治最根本的保证。坚持中国特色社会主义法治道路，最根本的是坚持党的领导。中国特色社会主义制度是中国特色社会主义法治体系的根本制度基础，是全面推进依法治国的根本制度保障。中国特色社会主义法治理论是中国特色社会主义法治体系的理论指导和学理支撑，是全面推进依法治国的行动指南。这三个方面规定和确保了中国特色社会主义法治体系的制度属性和前进方向。

3. 人民是依法治国的主体和力量源泉

我国社会主义制度保证了人民当家作主的主体地位，也保证了人民

〔1〕 中共中央宣传部：《习近平新时代中国特色社会主义思想学习纲要》，学习出版社、人民出版社2019年版。

在全面推进依法治国中的主体地位。要坚持人民主体地位，坚持法治为了人民、依靠人民、造福人民、保护人民。加强人权法治保障，保证人民依法享有广泛权利和自由。把体现人民利益、反映人民愿望、维护人民权益、增进人民福祉落实到依法治国全过程，使法律及其实施充分体现人民意志。

（二）维护社会公平正义、司法公正

1. 公平正义的意义

公平正义是我们党追求的一个非常崇高的价值，全心全意为人民服务的宗旨决定了我们必须追求公平正义，保护人民权益，伸张正义。全面依法治国，必须紧紧围绕保障和促进社会公平正义来进行。

法治不仅要求完备的法律体系、完善的执法机制、普遍的法律遵守，更要求公平正义得到维护和实现。“理国要道，在于公平正直。”老百姓讲“一碗水端平”，如果不端平、端不平，老百姓就会有意见，就会有怨气，久而久之社会和谐稳定就难以实现。必须把社会公平正义这一法治价值追求贯穿到立法、执法、司法、守法的全过程和各方面，努力让人民群众在每一项法律制度、每一个执法决定、每一宗司法案件中都感受到公平正义。

2. 公正是司法的灵魂和生命

公正司法是维护社会公平正义的最后一道防线。所谓公正司法，就是受到侵害的权利一定会得到保护和救济，违法犯罪活动一定要受到制裁和惩罚。

司法公正对社会公正具有重要引领作用，司法不公对社会公正具有致命破坏作用。如果人民群众通过司法程序不能保证自己的合法权利，那司法就没有公信力，人民群众也不会相信司法。人民群众每一次求告无门、每一次经历冤假错案，损害的都不仅仅是他们的合法权益，更是法律的尊严和权威，是他们对社会公平正义的信心。习近平总书记强调，要懂得“100-1=0”的道理，一个错案的负面影响足以摧毁九十

九个公正裁判积累起来的良好形象。执法司法中万分之一的失误，对当事人就是百分之百的伤害。

3. 推进公正司法的途径

推进公正司法，要坚持司法为民，维护人民权益。重点解决好损害群众权益的突出问题，决不允许对群众的报警求助置之不理，决不允许让普通群众打不起官司，决不允许滥用权力侵犯群众合法权益，决不允许执法犯法造成冤假错案。要构建开放、动态、透明、便民的阳光司法机制，以公开促公正、以透明保廉洁。增强主动公开、主动接受监督的意识，依法及时公开执法司法依据、程序、流程、结果和裁判文书，让暗箱操作没有空间，让司法腐败无法藏身，让公平正义的阳光照耀人民心田。

推进公正司法，必须深化司法体制改革。要按照权责统一、权力制约、公开公正、尊重程序的要求，从确保依法独立公正行使审判权检察权、健全司法权力运行机制、完善人权司法保障制度三个方面，着力破解体制性、机制性、保障性障碍，不断提高司法公信力。各级党组织和领导干部都要旗帜鲜明支持司法机关依法独立公正行使职权，绝不容许利用职权干预司法。司法人员要刚正不阿，勇于担当，敢于依法排除来自司法机关内部和外部的干扰，坚守公正司法的底线。

二、十八大以来全面依法治国的新理念新思想新战略

党的十八大以来，我们提出一系列全面依法治国新理念新思想新战略，明确了全面依法治国的指导思想、发展道路、工作布局、重点任务。概括起来，主要有以下十个方面：

1. 坚持加强党对依法治国的领导

党的领导是社会主义法治最根本的保证。全面依法治国决不是要削弱党的领导，而是要加强和改善党的领导，不断提高党领导依法治国的能力和水平，巩固党的执政地位。必须坚持实现党领导立法、保证执

法、支持司法、带头守法，健全党领导全面依法治国的制度和工作机制，通过法定程序使党的主张成为国家意志、形成法律，通过法律保障党的政策有效实施，确保全面依法治国正确方向。

2. 坚持人民主体地位

法治建设要为了人民、依靠人民、造福人民、保护人民。必须牢牢把握社会公平正义这一法治价值追求，努力让人民群众在每一项法律制度、每一个执法决定、每一宗司法案件中都感受到公平正义。要把体现人民利益、反映人民愿望、维护人民权益、增进人民福祉落实到依法治国全过程，保证人民在党的领导下通过各种途径和形式管理国家事务，管理经济和文化事业，管理社会事务。

3. 坚持中国特色社会主义法治道路

全面推进依法治国必须走对路。要从中国国情和实际出发，走适合自己的法治道路，决不能照搬别国模式和做法，决不能走西方“宪政”“三权鼎立”“司法独立”的路子。

4. 坚持建设中国特色社会主义法治体系

中国特色社会主义法治体系是中国特色社会主义制度的法律表现形式。必须抓住建设中国特色社会主义法治体系这个总抓手，努力形成完备的法律规范体系、高效的法治实施体系、严密的法治监督体系、有力的法治保障体系，形成完善的党内法规体系，不断开创全面依法治国新局面。

5. 坚持依法治国、依法执政、依法行政共同推进，法治国家、法治政府、法治社会一体建设

全面依法治国是一个系统工程，必须统筹兼顾、把握重点、整体谋划，更加注重系统性、整体性、协同性。依法治国、依法执政、依法行政是一个有机整体，关键在于党要坚持依法执政、各级政府要坚持依法行政。法治国家、法治政府、法治社会三者各有侧重、相辅相成，法治国家是法治建设的目标，法治政府是建设法治国家的主体，法治社会是

构筑法治国家的基础。要善于运用制度和法律治理国家，提高党科学执政、民主执政、依法执政水平。

6. 坚持依宪治国、依宪执政

依法治国首先要坚持依宪治国，依法执政首先要坚持依宪执政。党领导人民制定宪法法律，领导人民实施宪法法律，党自身必须在宪法法律范围内活动。任何公民、社会组织和国家机关都必须以宪法法律为行为准则，依照宪法法律行使权利或权力，履行义务或职责，都不得有超越宪法法律的特权，一切违反宪法法律的行为都必须予以追究。

7. 坚持全面推进科学立法、严格执法、公正司法、全民守法

解决好立法、执法、司法、守法等领域的突出矛盾和问题，必须坚定不移推进法治领域改革。要紧紧抓住全面依法治国的关键环节，完善立法体制，提高立法质量。要推进严格执法，理顺执法体制，完善行政执法程序，全面落实行政执法责任制。要支持司法机关依法独立行使职权，健全司法权力分工负责、相互配合、相互制约的制度安排。要加大全民普法力度，培育全社会办事依法、遇事找法、解决问题用法、化解矛盾靠法的法治环境。

8. 坚持处理好全面依法治国的辩证关系

全面依法治国必须正确处理政治和法治、改革和法治、依法治国和以德治国、依法治国和依规治党的关系。社会主义法治必须坚持党的领导，党的领导必须依靠社会主义法治。“改革与法治如鸟之两翼、车之两轮”，要坚持在法治下推进改革，在改革中完善法治。要坚持依法治国和以德治国相结合，实现法治和德治相辅相成、相得益彰。要发挥依法治国和依规治党的互补性作用，确保党既依据宪法法律治国理政，又依据党内法规管党治党、从严治党。

9. 坚持建设德才兼备的高素质法治工作队伍

全面推进依法治国，必须着力建设一支忠于党、忠于国家、忠于人民、忠于法律的社会主义法治工作队伍。要加强理想信念教育，深入开

展社会主义核心价值观和社会主义法治理念教育，推进法治专门队伍正规化、专业化、职业化，提高职业素养和专业水平。要坚持立德树人，德法兼修，创新法治人才培养机制，努力培养造就一大批高素质法治人才及后备力量。

10. 坚持抓住领导干部这个“关键少数”

领导干部具体行使党的执政权和国家立法权、行政权、监察权、司法权，是全面依法治国的关键。领导干部必须带头尊崇法治、敬畏法律，了解法律、掌握法律，遵纪守法、捍卫法治，厉行法治、依法办事，不断提高运用法治思维和法治方式深化改革、推动发展、化解矛盾、维护稳定的能力，做尊法学法守法用法的模范，以实际行动带动全社会尊法学法守法用法。

这些新理念新思想新战略，是马克思主义法治思想中国化的最新成果，是全面依法治国的根本遵循，必须长期坚持、不断丰富发展。〔1〕

〔1〕 习近平：《加强党对全面依法治国的领导》，载求是网，http：//www.qstheory.cn/dukan/qs/2019-02/15/c_ 1124114454.htm，2020年4月20日访问。

第 4 讲　依法治国的热点问题

一、《法治政府建设实施纲要（2015~2020 年）》（重点摘编）

（一）依法全面履行政府职能

1. 深化行政审批制度改革

全面清理行政审批事项，全部取消非行政许可审批事项。最大程度减少对生产经营活动的许可，最大限度缩小投资项目审批、核准的范围，最大幅度减少对各类机构及其活动的认定。取消不符合行政许可法规定的资质资格准入许可，研究建立国家职业资格目录清单管理制度。直接面向基层、量大面广、由地方实施更方便有效的行政审批事项，一律下放地方和基层管理。加大取消和下放束缚企业生产经营、影响群众就业创业行政许可事项的力度，做好已取消和下放行政审批事项的落实和衔接，鼓励大众创业、万众创新。严格控制新设行政许可，加强合法性、必要性、合理性审查论证。对增加企业和公民负担的证照进行清理规范。对保留的行政审批事项，探索目录化、编码化管理，全面推行一个窗口办理、并联办理、限时办理、规范办理、透明办理、网上办理，提高行政效能，激发社会活力。加快投资项目在线审批监管平台建设，实施在线监测并向社会公开，2015 年实现部门间的横向联通及中央和地方的纵向贯通。加快推进相对集中行政许可权工作，支持地方开展相对集中行政许可权改革试点。全面清理规范行政审批中介服务，对保留的行政审批中介服务实行清单管理并向社会公布，坚决整治“红顶中介”，切断行政机关与中介服务机构之间的利益链，推进中介服务行业公平竞争。

2. 大力推行权力清单、责任清单、负面清单制度并实行动态管理

在全面梳理、清理调整、审核确认、优化流程的基础上，将政府职能、法律依据、实施主体、职责权限、管理流程、监督方式等事项以权力清单的形式向社会公开，逐一厘清与行政权力相对应的责任事项、责任主体、责任方式。省级政府2015年年底前、市县两级政府2016年年底前基本完成政府工作部门、依法承担行政职能的事业单位权力清单的公布工作。开展编制国务院部门权力和责任清单试点。实行统一的市场准入制度，在制定负面清单基础上，各类市场主体可依法平等进入清单之外领域。建立行政事业性收费和政府性基金清单制度，清理取消不合法、不合规、不合理的收费基金项目，公布全国性、中央部门和单位及省级收费目录清单，减轻企业和公民负担。

3. 创新社会治理

加强社会治理法律、体制机制、能力、人才队伍和信息化建设，提高社会治理科学化和法治化水平。完善社会组织登记管理制度。适合由社会组织提供的公共服务和解决的事项，交由社会组织承担。支持和发展社会工作服务机构和志愿服务组织。规范和引导网络社团社群健康发展，加强监督管理。深入推进社会治安综合治理，健全落实领导责任制。完善立体化社会治安防控体系，有效防范管控影响社会安定的问题，保护人民生命财产安全。提高公共突发事件防范处置和防灾救灾减灾能力。全方位强化安全生产，全过程保障食品药品安全。推进社会自治，发挥市民公约、乡规民约、行业规章、团体章程等社会规范在社会治理中的积极作用。

（二）完善依法行政制度体系

1. 完善政府立法体制机制

严格落实《立法法》规定，坚持立改废释并举，完善行政法规、规章制定程序，健全政府立法立项、起草、论证、协调、审议机制，推进政府立法精细化，增强政府立法的及时性、系统性、针对性、有效

性。完善立法项目向社会公开征集制度。通过开展立法前评估等方式，健全立法项目论证制度。重要行政管理法律法规由政府法制机构组织起草，有效防止部门利益和地方保护主义法律化。对部门间争议较大的重要立法事项，由决策机关引入第三方评估，充分听取各方意见，协调决定，不能久拖不决。探索委托第三方起草法律法规规章草案。定期开展法规规章立法后评估，提高政府立法科学性。对不适应改革和经济社会发展要求的法律法规规章，要及时修改和废止。加强行政法规、规章解释工作。

2. 提高政府立法公众参与度

拓展社会各方有序参与政府立法的途径和方式。健全法律法规规章起草征求人大代表意见制度，充分发挥政协委员、民主党派、工商联、无党派人士、人民团体、社会组织在立法协商中的作用。建立有关国家机关、社会团体、专家学者等对政府立法中涉及的重大利益调整论证咨询机制。拟设定的制度涉及群众切身利益或各方面存在较大意见分歧的，要采取座谈会、论证会、听证会、问卷调查等形式广泛听取意见。除依法需要保密的外，法律法规规章草案要通过网络、报纸等媒体向社会公开征求意见，期限一般不少于 30 日。加强与社会公众的沟通，健全公众意见采纳情况反馈机制，广泛凝聚社会共识。

（三）推进行政决策科学化、民主化、法治化

1. 提高专家论证和风险评估质量

加强中国特色新型智库建设，建立行政决策咨询论证专家库。对专业性、技术性较强的决策事项，应当组织专家、专业机构进行论证。选择论证专家要注重专业性、代表性、均衡性，支持其独立开展工作，逐步实行专家信息和论证意见公开。落实重大决策社会稳定风险评估机制。

2. 加强合法性审查

建立行政机关内部重大决策合法性审查机制，未经合法性审查或经审查不合法的，不得提交讨论。建立政府法制机构人员为主体、吸收专

家和律师参加的法律顾问队伍，保证法律顾问在制定重大行政决策、推进依法行政中发挥积极作用。

（四）坚持严格规范公正文明执法

1. 完善行政执法程序

建立健全行政裁量权基准制度，细化、量化行政裁量标准，规范裁量范围、种类、幅度。建立执法全过程记录制度，制定行政执法程序规范，明确具体操作流程，重点规范行政许可、行政处罚、行政强制、行政征收、行政收费、行政检查等执法行为。健全行政执法调查取证、告知、罚没收入管理等制度，明确听证、集体讨论决定的适用条件。完善行政执法权限协调机制，及时解决执法机关之间的权限争议，建立异地行政执法协助制度。严格执行重大行政执法决定法制审核制度，未经法制审核或者审核未通过的，不得作出决定。

2. 创新行政执法方式

推行行政执法公示制度。加强行政执法信息化建设和信息共享，有条件的地方和部门在 2016 年年底前要建立统一的行政执法信息平台，完善网上执法办案及信息查询系统。强化科技、装备在行政执法中的应用。推广运用说服教育、劝导示范、行政指导、行政奖励等非强制性执法手段。健全公民和组织守法信用记录，完善守法诚信褒奖机制和违法失信行为惩戒机制。

（五）强化对行政权力的制约和监督

全面推进政务公开。坚持以公开为常态、不公开为例外原则，推进决策公开、执行公开、管理公开、服务公开、结果公开。完善政府信息公开制度，拓宽政府信息公开渠道，进一步明确政府信息公开范围和内容。重点推进财政预算、公共资源配置、重大建设项目批准和实施、社会公益事业建设等领域的政府信息公开。完善政府新闻发言人、突发事件信息发布等制度，做好对热点敏感问题的舆论引导，及时回应人民群众关切。创新政务公开方式，加强互联网政务信息数据服务平台和便民服务平台建设，提高政务公开信息化、集中化水平。

（六）依法有效化解社会矛盾纠纷

1. 健全依法化解纠纷机制

构建对维护群众利益具有重大作用的制度体系，建立健全社会矛盾预警机制、利益表达机制、协商沟通机制、救济救助机制。及时收集分析热点、敏感、复杂矛盾纠纷信息，加强群体性、突发性事件预警监测。强化依法应对和处置群体性事件机制和能力。依法加强对影响或危害食品药品安全、安全生产、生态环境、网络安全、社会安全等方面重点问题的治理。加大普法力度，引导和支持公民、法人和其他组织依法表达诉求和维护权益。

2. 完善行政调解、行政裁决、仲裁制度

健全行政调解制度，进一步明确行政调解范围，完善行政调解机制，规范行政调解程序。健全行政裁决制度，强化行政机关解决同行政管理活动密切相关的民事纠纷功能。有关行政机关要依法开展行政调解、行政裁决工作，及时有效化解矛盾纠纷。完善仲裁制度，提高仲裁公信力，充分发挥仲裁解决经济纠纷、化解社会矛盾、促进社会和谐的作用。

3. 加强人民调解工作

贯彻落实《人民调解法》，健全人民调解组织网络，实现村委会、居委会人民调解组织全覆盖，推进企事业单位、乡镇街道、社会团体、行业组织中人民调解组织建设。重点协调解决消费者权益、劳动关系、医患关系、物业管理等方面的矛盾纠纷，促进当事人平等协商、公平公正解决矛盾纠纷。完善人民调解、行政调解、司法调解联动工作体系。

4. 改革信访工作制度

把信访纳入法治化轨道，保障合理合法诉求依照法律规定和程序就能得到合理合法的结果。规范信访工作程序，畅通群众诉求表达、利益协调和权益保障渠道，维护信访秩序。优化传统信访途径，实行网上受理信访制度，健全及时就地解决群众合理诉求机制。严格实行诉访分离，推进通过法定途径分类处理信访投诉请求，引导群众在法治框架内解决矛盾纠纷，完善涉法涉诉信访依法终结制度。

二、中央全面依法治国委员会《关于加强法治乡村建设的意见》（重点摘编）

（一）强化乡村司法保障

完善司法为民便民利民措施，畅通司法便民"最后一公里"。加强人民法庭建设，完善人民法庭巡回审理制度，合理设置巡回办案点和诉讼服务点，做好巡回审判工作，最大限度减少群众特别是边远农牧区群众诉累。推动审判机关、检察机关、公安机关依法妥善办理涉农纠纷案件，深入贯彻落实农村土地制度改革政策，依法打击和处理破坏农村生态环境、侵占农村集体资产、侵犯农民土地承包经营权等违法犯罪行为，惩治破坏农村经济秩序犯罪，严厉打击农村黑恶势力及其"保护伞"、邪教组织，坚决把受过刑事处罚、存在村霸和涉黑涉恶涉邪教等问题的人清理出村干部队伍，打击收买外籍妇女为妻、非法收养儿童、"黄赌毒"违法犯罪活动。加大涉农案件执行和对执行活动法律监督的力度，推进困难群众执行救助体系建设，及时实现农民合法权利。完善对经济困难的当事人缓、减、免交诉讼费的具体条件与标准。加大刑事司法救助力度，对生活困难的被害人及其近亲属依法及时给予司法救助。加强涉农民事、行政、刑事案件的法律监督工作，确保法律正确统一实施。加大涉农公益诉讼案件办理力度，督促相关行政机关依法履行职责。结合民族地区实际需求，进一步加强双语法官、检察官、律师及法律服务工作者等队伍建设，保障各族群众的诉讼权利。

（二）完善乡村公共法律服务

健全乡村公共法律服务体系，加快建设12348公共法律服务热线、中国法律服务网、公共法律服务工作站（室）三大平台，打造综合性、一站式的服务型窗口，为乡村提供普惠优质高效的公共法律服务。进一步加强乡村法律顾问工作，落实一村一法律顾问制度，规范服务内容，创新服务方式，强化工作保障，为农村基层组织和人民群众处理涉法事务提供专业优质便捷的法律服务。充分发挥基层法律服务工作者在提供公共法律服务、促进乡村治理中的作用。加强涉农法律援助工作，逐步将与农民生产生活紧密相关的事项纳入法律援助补充事项范围。鼓励公证、司法鉴定、仲裁等法律服务主动向农村延伸。完善农村留守儿童和妇女、老年人关爱服务体系，健全残疾人帮扶制度。

（三）健全乡村矛盾纠纷化解和平安建设机制

坚持和发展新时代“枫桥经验”，加强诉源治理，畅通和规范群众诉求表达、利益协调、权益保障通道，完善社会矛盾多元预防调处化解综合机制，努力将矛盾化解在基层，做到“小事不出村、大事不出乡”。加强基层人民法院和人民法庭对人民调解工作的指导，完善基层人民调解组织网络，积极发展乡村专职人民调解员队伍，加强对人民调解员法律政策、专业知识和调解技能等方面的培训，充分发挥人民调解在化解基层矛盾纠纷中的主渠道作用。整合矛盾纠纷化解资源力量，促进调解、仲裁、行政裁决、行政复议、诉讼等有机衔接。深化平安乡村建设，建立健全农村社会治安防控体系、公共安全体系，推进乡村“雪亮工程”，探索建立“互联网+网格管理”服务管理模式，提升乡村治理智能化、精细化水平。深化城乡社区警务战略，加强社区和农村警务建设，大力推行“一村一辅警”机制，扎实开展智慧农村警务建设。开展农村突出治安问题专项整治，净化社会环境。加强对社区矫正对象，严重精神障碍患者，刑满释放人员，社区戒毒、康复人员等特殊人群的教育监督和服务管理。加强乡村社会心理服务体系建设，健全完善村级心理咨询室，建立经常性社会心理服务机制。推进“青少年零犯罪零受害社区（村）”创建，夯实预防青少年犯罪工作的基层基础。

（四）推进乡村依法治理

坚持用法治思维引领乡村治理，严格依照法律法规和村规民约规范乡村干部群众的行为，让依法决策、依法办事成为习惯和自觉。全面推行村党组织书记通过法定程序担任村民委员会主任和村级集体经济组织、合作经济组织负责人，村“两委”班子成员应当交叉任职。完善群众参与基层社会治理的制度化渠道，健全充满活力的群众自治制度，引导村民在村党组织的领导下依法制定和完善村民自治章程、村规民约等自治制度。落实和完善村规民约草案审核和备案制度，健全合法有效的村规民约落实执行机制，充分发挥村规民约在乡村治理中的作用。注重发挥家庭家教家风在乡村治理中的作用。全面推行村级重大事项决策“四议两公开”制度，即村党组织提议、村“两委”会议商议、党员大会审议、村民会议或者村民代表会议决议，决议公开、实施结果公开。开展形式多样的村级议事协商，探索村民小组协商和管理的有效方式，组织村民就村公共事务、重大民生问题开展民主协商。依法开展村级组织换届选举，依法公开党务、村务、财务。编制村级小微权力清单，公开权力清单内容、运行程序、运行结果。建立健全小微权力监督制度，形成群众监督、村务监督、委员会监督、上级党组织和有关部门监督与会计核算监督、审计监督等全程实时、多方联网的监督体系。大力开展农村基层微腐败整治，推进农村巡察工作，严厉整治惠农补贴、集体资产管理、土地征收等领域侵害农民利益的不正之风和腐败问题，依法依纪惩处发生在群众身边的腐败问题。加强对农业农村环境污染等重点问题的依法治理。发挥工青妇、法学会等群团组织、社会组织在联系动员群众参与乡村治理中的作用。

三、疫情防控中应坚持的法治原则

（一）公开回应原则

公开与回应，是法治对政府管理和服务活动提出的基本要求之一。

公开，意味着政府要主动或应申请向社会提供相关信息，满足公众的知情权；而回应，意味着政府对于公民的咨询、请求、投诉、举报或者媒体报道的突出问题，应当及时给出答复或予以解决。在疫情暴发导致的紧急状态下，公众对于政府的公开和回应的要求会更加迫切，而来自政府的权威信息和及时沟通，对于凝聚各界力量、化解社会危机具有特殊而重要的作用：①通过公开和回应，有助于安抚社会恐慌，维护公共秩序；②通过公开和回应，有助于引导社会力量共同参与危机处理；③通过公开和回应，有助于督促政府提供更高水平的危机管理和紧急服务。

客观来讲，在疫情危机处理中，政府和民众处在一种地位不对等和信息不对等的状态，因而，对于政府的应急管理活动，公众会有困惑，会有请求，会有抱怨，会有投诉，对此，政府必须按照现代善政（Good Governance）的“公开性”和“回应性”标准，主动公开信息，及时回复公众关切。为了实现这一要求，除了常规的沟通渠道外，在通信技术和自媒体越来越发达的时代，政府要树立尊重公众知情权的理念，主动构建一套快速反应的信息系统。在紧急状态下，政府尤其要保持敏感，不仅在第一时间知悉情况，而且要在第一时间做出公开和回应，发出理性和权威的声音。事实证明，在重大突发事件发生后，政府越是躲在幕后装聋作哑或者拖延蒙蔽，越有可能导致事态复杂化，加剧社会恐慌，引发社会矛盾，这不仅无助于社会危机的及时解决，还可能会对政府公信力造成不可估量的损害。相反，危机发生后，政府若能在第一时间做出权威回应，会大大减少误解和谣言的产生，引导事态朝好的方向发展。因此，在紧急状态下，政府要完善突发事件信息发布制度，充分发挥新闻发言人作用，利用现代信息技术，打造政府官方微博、微信公众号，做好对热点敏感问题的舆论引导，及时回应民众的关切和诉求。

（二）比例原则

比例原则是现代公法中的基本原则，其核心意旨在于提醒政府采取行政措施时必须考虑其必要性和限度。在疫情暴发的紧急状态下，政府行使紧急权力采取应急措施，会对公民、企业的权利造成限制，会对正常生产生活带来影响。因而，政府的行为必须遵循比例原则，需要在应急管理目的和保护相对人权益之间找到平衡，尤其是在政府所采取的应急措施会给相对人造成不利影响时，应当把这种不利影响控制在最小限度，把给社会和公民带来的损害降到最低。对此，我国《突发事件应对法》第11条第1款规定："有关人民政府及其部门采取的应对突发事件的措施，应当与突发事件可能造成的社会危害的性质、程度和范围相适应；有多种措施可供选择的，应当选择有利于最大程度地保护公民、法人和其他组织权益的措施。"在我国当前的应急法律体系中，《突发事件应对法》扮演着部门基本法的角色。因此，上述条文是关于紧急状态下比例原则的权威表达，它适用于自然灾害、事故灾难、公共卫生事件和社会安全事件等紧急状态。

比例原则的一般性规定，在不同领域和不同情形下会表现为具体的、差别化的标准和要求。以重大公共卫生事件为例，比例原则的要求重点体现在如下几个方面：

1. 紧急措施

为了应对恶性传染病引发的公共卫生事件，根据《传染病防治法》和《突发公共卫生事件应急条例》的相关规定，政府可以采取包括人员隔离、限制公共活动和疫区封锁等紧急措施。这些措施，可以有效阻断和遏制疾病传染，但也会给公民生活和社会交往带来严重影响，这就需要运用比例原则在两者之间寻求最佳的平衡。尤其是在采取大规模的疫区封锁措施时，为了评估封锁的必要性以及封锁规模的大小，政府需要进行专业的科学评估，可以考虑临时组建由医学专家、管理学专家和法律专家等组成的评估组，对要不要封锁、封锁多大范围、多长时间等问题进行科学的测算评价，给出建议及其理由，这些建议供政府决策采用，并应在适当时间向社会公布。

2. 财产征用

在应对重大突发公共卫生事件中，需要消耗大量的资源，当政府的资源储备不足以满足应急需求时，就有可能对私人和企业的财产进行征用。对此，我国《传染病防治法》第45条第1款有明确规定："传染病暴发、流行时，根据传染病疫情控制的需要，国务院有权在全国范围或者跨省、自治区、直辖市范围内，县级以上地方人民政府有权在本行政区域内紧急调集人员或者调用储备物资，临时征用房屋、交通工具以及相关设施、设备。"比如，在新冠肺炎疫情紧张的时期，政府就可以临时征用宾馆、学校，用于隔离病人和建设"方舱医院"。财产征用，涉及对他人财产的限制。因而，必须用比例原则进行严格的检验。总体的要求是，对公民和企业的财产征用，应该以最需要和最节俭的标准进行，而在紧急情况结束后，应在第一时间予以归还，并对当事人进行合理的补偿，将其损失控制在最小限度。

3. 强制措施

在严重传染病流行期间，为了维持社会治安，保障公共秩序，政府可以对违反法律、破坏疫情防控的个人和企业采取强制措施。客观来讲，在紧急情况下，相比而言，对违法者实施的强制措施一般要比正常时期更严更重，但时，也不能超过该有的限度，不能明显与目的不符。例如，在新冠肺炎疫情防控期间，一些地方政府在强制措施的使用方面就显得比较随意，超过了必要限度，引起了社会关注和争议。比例原则要求平衡与恰当，过度和极端的强制措施，不仅对相对人造成了不公正，而且也可能增加社会恐慌，不利于疫情防控工作的开展。

（三）人权保障原则

在疫情暴发的紧急状态下，公民必须承受必要的负担，做出必要的牺牲，其诸多基本权利要受到限制，包括通讯自由、人身自由、政治权、财产权等。这种情况，在宪法和人权法上叫"权利克减"。但是，紧急状态下的"权利克减"，必须在宪法之下进行，必须遵守人权保障的基本原则。

结合国际人权公约和宪法的一般原理，我们认为，疫情防控等紧急状态下的权利克减，必须遵循和坚持如下标准：

1. 克减目的的正当性

政府对公民权利进行克减，必须是为了一个正当的目的，这个目的在《公民权利及政治权利国际公约》中被表述为“国家的生命”（The Life of the Nation），一般可以将其理解为维护国家统一、国家安全、公共卫生、公共秩序等。除非为了正当的目的，否则不应减少公民基本权利。

2. 克减程序的合法性

权利克减涉及基本权利的限制，属于非常严肃的宪法问题。因此，必须按照严格的法定程序进行。客观来讲，目前我国紧急状态相关法律对权利克减的程序性规定还不够严谨和细致。以《戒严法》为例，该法规定戒严实施机关可以对集会、游行、示威、通讯、新闻、出入境等进行禁止或管制，但对其程序却缺乏明确的规定。为了完善应急法律体系，对于这些问题，后期的法律修改或下位法制定，应该及时予以弥补。

3. 克减程度的适当性

权利克减的程度问题，实际上是上文谈到的比例原则的要求，即政府对公民权利克减的范围和程度越小越好，不能随意扩张，不能带来不必要的损害。用《公民权利及政治权利国际公约》的话说就是，“克减的程度以紧急情势所严格需要者为限”。

4. 核心权利绝对保留

紧急状态下政府可以对公民的基本权利进行限制，但有一些最核心的、最基本的权利则不容克减，这些基本人权可以被统称为“非克减人权”。或者说可以把公民的基本权利分为可限制权利与绝对保留权利，前者是指那些可以被政府限制的权利，后者则指无论怎样都不能予以限制的那些权利，这些权利如生命权、人格尊严、平等权等，应该得到绝对的保留和尊重，这些权利划出了政府应急措施不可侵夺的人权底线。

四、最高法和最高检2020年工作报告（考点摘编）

（一）努力让人民群众在每一个司法案件中感受到公平正义

紧紧围绕“努力让人民群众在每一个司法案件中感受到公平正义”目标，坚持服务大局、司法为民、公正司法，忠实履行宪法法律赋予的职责，推动各项工作取得新成效，为经济社会发展提供有力司法服务和保障。最高人民法院受理案件38 498件，审结34 481件，同比分别上升10.7%和8.2%，制定司法解释20件，发布指导性案例33个，加强对全国法院审判工作的监督指导；地方各级法院受理案件3156.7万件，审结、执结2902.2万件，结案标的额6.6万亿元，同比分别上升12.7%、15.3%和20.3%。

知识延伸

1. 法律效果与社会效果相统一

在当代中国，司法审判必须强调法律效果与社会效果相统一。法律效果强调司法裁判必须严格遵循法治的原则与内涵，既要在实体上做到正确适用法律，又要在程序上严格遵守法定程序；社会效果强调司法裁判必须有效实现法的秩序、自由、正义、效益等基本价值，司法裁判应得到社会公众的广泛认同和自觉服从。因此，法官在严格依法办案，确保良好法律效果的同时，还应当充分考虑案件的处理是否有利于赢得人民群众的支持和社会稳定，是否有利于化解矛盾，促进社会和谐，争取更好的社会效果。

2. 依法治国与以德治国相结合

坚持依法治国和以德治国相结合，将案件审判置于天理国法人情之中综合考量。我国有着数千年文化传统，天理、国法、人情是深深扎根于人们心中的正义观念，蕴含着法治与德治的千古话题。天理反映的是社会普遍正义，其实质就是民心。案件的审判，首先要最大限度追求法律正义；同时，要兼顾社会普遍正义。这是德治的要求，也是尊重民意的要求。人情也是德治应有之义。讲人情，不是要照顾某个人的私人感情，而是要尊重人民群众的朴素情感和基本的道德诉求，司法审判不能违背人之常情。实现法理情的有机结合，既要靠完备的法律制度，更要靠法官的经验、智慧与良知。在人民法院工作中，无论是制定司法政策，还是办理司法案件，都要统筹兼顾法律正义和社会正义，坚守法律底线和道德底线，努力实现法理情的有机统一。〔1〕

（二）人权的司法保障

加强人权司法保障。坚持实事求是、有错必纠，各级法院按照审判监督程序再审改判刑事案件 1774 件，山东等法院依法纠正张志超等重大冤错案件。审结国家赔偿案件 1.8 万件，保障赔偿请求人合法权益。坚持罪刑法定、疑罪从无、证据裁判，依法宣告 637 名公诉案件被告人和 751 名自诉案件被告人无罪。陕西法院依法宣告范太应无罪，避免了重大冤错案件发生。坚持宽严相济刑事政策，该严则严，当宽则宽，罚当其罪。深入推进以审判为中心的刑事诉讼制度改革，全面准确适用认罪认罚从宽制度。会同司法部推进刑事案件律师辩护全覆盖，保障律师依法履职。

〔1〕 沈德咏：《坚持依法治国和以德治国相结合，立足司法职能大力弘扬社会主义核心价值观》，载《人民法院报》2017 年 4 月 20 日，第 1 版。

知识延伸

宽严相济刑事政策

宽严相济的刑事政策是我国根据罪刑法定、罪刑相适应和适用法律人人平等的原则确立的准确惩罚犯罪的刑事政策。一方面，对危害国家安全犯罪、黑社会性质组织犯罪、严重暴力犯罪以及严重影响人民群众安全感的多发性犯罪，坚持依法严厉惩罚。另一方面，对于具有法定从轻、减轻情节的，依法从宽处理；对于具有酌定从宽处罚情节的，也要依法予以考虑，最大限度地减少社会对立面。认罪认罚从宽制度就是宽严相济刑事政策的具体体现，指犯罪嫌疑人、被告人自愿如实供述自己的犯罪，对于指控犯罪事实没有异议，同意检察机关的量刑意见并签署具结书的案件，可以依法从宽处理。

（三）扫黑除恶专项斗争

深入开展扫黑除恶专项斗争。坚决贯彻依法严惩方针，全国法院审结涉黑涉恶犯罪案件 12 639 件 83 912 人。依法审理孙小果案、杜少平操场埋尸案，对主犯孙小果、杜少平坚决判处并执行死刑，让正义最终得以实现。会同有关单位出台办理恶势力、“套路贷”、非法放贷等刑事案件意见，明确政策法律界限，确保打得狠、打得准。坚决“打伞破网”，严惩公职人员涉黑涉恶犯罪。实行“打财断血”，综合运用判处财产刑、追缴、没收违法所得等手段，彻底铲除黑恶势力经济基础。专项斗争开展以来，依法惩处了一批作恶多端的“沙霸”“路霸”“菜霸”，净化了社会风气。

【学习提示】准确掌握刑法相关规定。

（四）法治化营商环境

法治是最好的营商环境。各级法院审结一审商事案件453.7万件。制定服务高质量发展意见，出台公司法、破产法司法解释，发布民商事审判工作会议纪要，统一法律适用和裁判尺度，增强司法透明度和可预期性。依法审理涉“放管服”改革行政诉讼案件，支持监督行政机关依法行政，审结一审行政案件28.4万件，助推法治政府建设，优化发展软环境。世界银行2020年营商环境报告显示，我国营商环境世界排名大幅跃升，“执行合同”“办理破产”“保护中小投资者”等与司法密切相关的指标明显提高，其中“司法程序质量”领先，被评价为这一领域的“全球最佳实践者”。

法治是最好的营商环境

德国思想家马克思·韦伯运用法律来解释西欧资本主义的兴起，得出了一个著名论断，即“理性的”法律通过对市场交易提供预期和合法性而支撑着经济活动的发展。在市场经济时代，法治是最好的营商环境，一定要把平等保护贯彻到立法、执法、司法、守法等各个环节，依法平等保护各类市场主体产权和合法权益。要用法治来规范政府和市场的边界，尊重市场经济规律，通过市场化手段，在法治框架内调整各类市场主体的利益关系。要把工作重点放在完善制度环境上，健全法规制度、标准体系，加强社会信用体系建设，加强普法工作。

（五）生态环境的司法保护

服务打好蓝天碧水净土保卫战。审结一审环境资源案件26.8万件。审结检察机关和社会组织提起的环境公益诉讼案件1953件，严肃追究损毁三清山巨蟒峰等破坏生态环境人员法律责任。安徽法院审理通过暗管向长江违法排放有毒物质污染环境案，让违法者既承担刑事责任，又履行生态环境修复义务。在江苏南京、甘肃兰州新设环境资源法庭，集中管辖相应省域内环境资源案件，护航生态优先、绿色发展。长江、黄河等流域相关法院加强司法协作，推进大江大河生态保护和系统治理。

【学习提示】结合民法典的“绿色原则”和环境保护法，掌握相关法律知识和法律规定。

（六）服务数字经济发展

服务数字经济发展。加强数据权利司法保护，有利于大数据利用、数字经济发展，有利于公民个人隐私保护。司法要为数字经济营造竞争中性、开放包容的环境。各级法院依法妥善审理涉新交易新模式新业态案件，保障数字经济健康发展，促进数字经济与实体经济深度融合，为经济高质量发展提供新动能。审理人工智能、网络游戏著作权案等一批新类型案件，加强对数字版权、数字内容产品的保护。加大数据安全和个人隐私保护力度，严惩侵犯公民个人信息犯罪，依法审理手机应用擅自读取用户通讯录信息、网络信用平台滥用个人征信数据等案件；准确适用“通知删除”规则，对散发诽谤他人言论的网络平台，根据受害人请求责令删除相关信息。

【学习提示】注意掌握《民法典》在个人隐私、数据、信息保护方面的创新。

（七）弘扬社会主义核心价值观

弘扬社会主义核心价值观。高扬爱国主义旗帜，严惩侮辱国旗国徽国歌犯罪，宣示国家象征庄严神圣不可侵犯。审结英烈保护公益诉讼案件 22 件，对侵害方志敏、董存瑞、黄继光、木里救火牺牲勇士等英烈权益的行为，严肃追究法律责任，旗帜鲜明捍卫英烈荣光。贯彻《新时代公民道德建设实施纲要》，坚持把社会主义核心价值观融入司法工作，用法治力量引导人们向上向善。会同国家发展改革委等健全失信被执行人联合惩戒机制，鼓励诚实守信，惩戒失信违约。审理网络众筹退款等案件，规范网络公益行为，守护扶危济困、诚信友善的传统美德。

知识延伸

把社会主义核心价值观融入司法工作

把社会主义核心价值观融入法治建设，是坚持依法治国和以德治国的必然要求。把社会主义核心价值观融入法治建设，有利于发挥法治和德治在国家治理中相互补充、相互促进、相得益彰的积极作用，对于推进国家治理体系和治理能力现代化具有重大而深远的意义。因此，法院要充分发挥司法审判惩恶扬善的功能，运用法治手段解决道德领域突出问题，弘扬真善美、打击假恶丑，推动社会主义核心价值观转化为人们的实际行动。要加强联合惩戒失信机制建设，依法惩治失信被执行人，促进社会诚信体系建设。要加强对下指导，通过制定司法解释和规范性文件、发布典型案例，为惩治违背社会主义核心价值观、失德败德行为提供具体明确的司法政策支持。[1]

（八）引导社会成员增强公共意识、规则意识

引导社会成员增强公共意识、规则意识。现代社会，人们工作生活离不开公共空间，规范的公共空间行为是社会充满活力、和谐有序的基础。对发生在公共空间案件的审理，人民法院兼顾国法天理人情，明辨是非，惩恶扬善，努力实现法律效果与社会效果的统一。审理“撞伤儿

〔1〕 沈德咏：《坚持依法治国和以德治国相结合，立足司法职能大力弘扬社会主义核心价值观》，载《人民法院报》2017年4月20日，第1版。

童离开遇阻猝死案”，判决阻拦者不担责，鼓励见义勇为。审理“患者飞踹医生反被伤案”，改判医生为正当防卫，坚决跟“和稀泥”说不。审理“微信群主踢群第一案”，支持群组内正当管理行为，不让网络社区成为法外之地。审理“私自上树摘杨梅坠亡案”，认定村委会未违反安全保障义务，让守法者不用为他人过错买单。审理“冰面遛狗溺亡索赔案”，让自甘冒险者自负其责。审理“小偷逃逸跳河溺亡案”，依法判定追赶群众无责，宣示见义勇为者不用承担过重注意义务。通过一系列案件审理，破解长期困扰群众的“扶不扶”“劝不劝”“追不追”“救不救”“为不为”“管不管”等法律和道德风险，坚决防止“谁能闹谁有理”“谁横谁有理”“谁受伤谁有理”等“和稀泥”做法，让司法有力量、有是非、有温度；让群众有温暖、有遵循、有保障，争做法治中国好公民。

知识延伸

通过公正的审判进行社会普法

在现代法治国家，“法律必须被信仰，否则它将形同虚设”应是全社会的基本理念。在法律成为信仰之前，公众必须认识它，熟悉它，将之融入血液。这不仅需要一般的普法教育，还需要来自司法机关的“案例教学”。真正有效的普法，是通过公民亲身体悟的生活经验以及他所观察的法律实践得来。“行胜于言”，一个个活生生的案例其实就是最好的普法素材。一个经典案例可以增添民众对于司法的信心、树立法治的权威，甚至可以影响几代人对法律的认知和态度。一次公正的司法审判所起的普法效果甚至要比背一百遍法律条文的作用还要大。这就是“努力让人民群众在每一个司法案件中都能感受到公平正义”的深刻意蕴。[1]

---

〔1〕封丽霞：《以什么方式普法》，载《学习时报》2013 年 10 月 28 日，第 2 版。

（九）互联网司法新模式

探索互联网司法新模式。发挥北京、杭州、广州互联网法院“引领”作用，推广“网上案件网上审理”，完善在线诉讼规则，让群众享受在线诉讼便利。全面推广“中国移动微法院”，推动电子诉讼服务向移动端发展，引领世界移动电子诉讼发展潮流。审理“直播带货”等案件，明确网络空间行为规范、权利边界和责任；审理“暗刷流量”等互联网违法案件，促进网络空间治理法治化。在乌镇举办世界互联网法治论坛，深化互联网司法国际合作，推动构建网络空间命运共同体。

智慧法院

建设“智慧法院”，是实现司法网络化、阳光化、智能化的内在要求。首先，对于当事人来说，建设“智慧法院”不仅可以实现网上立案、网上阅卷、在线缴费、在线查询案件进程，甚至可以借助“云会议”系统为远在异地的当事人在线开庭，从而大大节省各方当事人的诉讼成本；其次，对于司法机关来说，建设“智慧法院”可以有效缓解“案多人少”的困境，降低司法成本，节约司法资源。因此，深入推进智慧法院建设，将信息技术与司法规律深度融合，必能更好满足和实现人民群众对公平正义的需求。

（十）疫情防控的司法应对

在常态化疫情防控中做好司法应对，依法保障人民生命安全和身体健康，充分发挥司法促发展、稳预期、保民生的作用，依法保障国家惠企政策有效落实，精准服务做好“六稳”工作、落实“六保”任务。坚持把非诉讼纠纷解决机制挺在前面，注重运用调解、执行和解等方式妥善化解因疫情引发的矛盾纠纷，在法治轨道上保障常态化疫情防控。依法准确适用不可抗力规则，合理平衡当事人利益，引导各方共担风险、共克时艰。坚持善意文明执行理念，坚决杜绝超标的查封、乱查封，有效运用“活封”措施，尽最大可能保持企业财产运营价值。通过破产重整、和解等程序帮助企业化解危机、脱困重生。充分运用司法手段，尽最大努力保企业特别是中小微企业生存，保障和促进就业。

【学习提示】 把握刑法中的相关罪名，了解突发事件应对、传染病防治中的行政法问题。

（十一）推进“一号检察建议”落实

最高人民检察院 2018 年就防治校园性侵发出第一号检察建议后，去年又会同教育部赴 8 个省区市督导，与河北、河南、陕西等地省领导夜查寄宿学校安全管理；地方检察机关与教育部门联合查访中小学校、幼儿园 3.8 万余所，推动平安校园建设。推广上海、湖北、重庆等地经验，与公安部、教育部共建教职工入职前查询相关违法记录制度；与教育部、国家卫健委等 8 部委共建未成年人被侵害强制报告制度，把对孩子的保护做得更实、更细。起诉性侵、拐卖、虐待等侵害未成年人犯罪 62 948 人，同比上升 24.1%。专门发布检察政策：凡拉拢、诱迫未成年人参与有组织犯罪，一律从严追诉、从重提出量刑建议。依法惩治未成年人犯罪，对主观恶性深、犯罪手段残忍、后果严重的决不纵容；未达刑事责任年龄不追诉的，依法送交收容教养或专门学校从严矫治。3 万余名检察官担任中小学法治副校长，落实法治教育从娃娃抓起。

【学习提示】 结合刑事诉讼法中关于未成年人司法的规定，了解少年司法制度与未成年人权益保护。

（十二）做好公益诉讼检察

努力做好公益诉讼检察。牢记检察官公共利益代表的神圣职责，深化双赢多赢共赢理念，办理民事公益诉讼 7125 件、行政公益诉讼 119 787

件，同比分别上升62.2%和10.1%。坚持把诉前实现维护公益目的作为最佳司法状态。检察机关与政府部门虽分工不同，但服务人民、追求法治的目标一致，公益诉讼并非“零和博弈”。推广福建、山东等地圆桌会议和公开送达机制，形成整改合力……积极、稳妥拓展办案范围。对法律明确赋权领域之外人民群众反映强烈的公益损害问题，探索立案7950件……公益诉讼检察工作得到各级人大重视支持。全国人大常委会听取审议专项报告并进行专题询问，435位全国人大代表提出意见建议；15个省级人大常委会听取专项报告，11个省级人大常委会作出专项决定，给予有力监督支持。

公益诉讼

公益诉讼，就是对损害国家和社会公共利益的违法行为，由法律规定的国家机关或组织向人民法院提起诉讼的制度。传统的民事诉讼为了防止诉权滥用，规定公民、法人或其他组织只有在与案件“有直接利害关系时”才有权提起诉讼。公益诉讼的出现，是对传统“无利益即无诉权”理论的突破。检察机关参与公益诉讼，主要目的就是维护和实现公共利益。从法律制度设计上看，检察机关提起的公益诉讼包括民事公益诉讼和行政公益诉讼，前者如污染环境、食品药品安全领域侵害众多消费者合法权益等损害社会公共利益的诉讼，后者如生态环境和资源保护、国有资产保护、国有土地使用权出让等领域负有监督管理职责的行政机关违法行使职权或者不作为的诉讼。

附录：两高报告中提及的典型案例

1. 张志超案

2006年3月，张志超被以强奸罪判处无期徒刑，剥夺政治权利终身。2017年11月，最高人民法院作出再审决定，认为原审判决认定事实不清，主要证据之间存在矛盾，指令山东高院再审。2020年1月，山东高院再审宣告张志超无罪。该案体现了人民法院坚持实事求是、有错必纠，对错案发现一起、纠正一起的鲜明态度。

2. 范太应案

2014年12月，陕西延安中院对范太应故意杀人案作出无罪判决后，检察机关提出抗诉，附带民事诉讼原告人提出上诉。陕西高院裁定驳回抗诉、上诉，维持无罪判决。该案审理过程中，人民法院坚持以事实为根据、以法律为准绳，坚决落实疑罪从无原则，严格贯彻证据裁判规则，认真审查案件事实证据，依法作出判决，坚决守住防范冤错案件的底线，充分体现了坚守司法良知、坚持原则底线的担当精神，也体现出推进以审判为中心的刑事诉讼制度改革的重大意义。2019年5月，陕西高院对参与此案审理的6名审判人员予以记功表彰。

3. 倪菊葆案

2010年3月，倪菊葆因在担任4家单位法定代表人期间实施变相非法吸收公众存款等行为，被以非法吸收公众存款罪、合同诈骗罪判处有期徒刑20年，并处罚金80万元。2018年11月，倪菊葆以其不构成合同诈骗罪为由提出申诉。2019年7月，江苏苏州中院再审认为倪菊葆实施的拆借资金行为不构成合同诈骗罪，该部分犯罪数额应计入非法吸收公众存款数额，遂以非法吸收公众存款罪改判倪菊葆有期徒刑9年，并处罚金40万元。该案依法改判，体现了人民法院依法甄别纠正历史形成的涉产权冤错案件的鲜明态度，对于稳定民营企业家预期，营造法治化营商环境，保障民营企业家安心干事创业具有重要意义。

4. “泛亚有色”案

泛亚公司董事长单某某与主管人员郭某等经商议策划，违反金融管理法律规定，以稀有金属买卖融资融货为名推行“委托交割受托申报”“委托受托”等业务，诱使社会公众投资，变相吸收巨额公众存款，给集资参与人造成巨额经济损失。云南法院以非法吸收公众存款罪对泛亚公司判处罚金10亿元；以非法吸收公众存款罪、职务侵占罪判处单某某有期徒刑18年，并处没收个人财产5000万元，罚金50万元；对郭某等20人判处相应刑罚。

5. 通过暗管向长江违法排放有毒物质污染环境案

2007年起，亚兰德公司埋设暗管将生产污水直接排放到长江，并通过操控暗管阀门、冲洗车间等手段逃避环保检查，违法排污状况持续10年，违规排放废水48万多吨，造成生态环境损害数额量化结果高达750余万元。安徽芜湖法院综合犯罪情况及其社会危害程度，分别对亚兰德公司及相关人员以污染环境罪追究刑事责任，要求该公司支付相应生态环境修复费用。本案判决明确，实施污染环境犯罪的排污企业在承担生态环境修复费用后仍需承担刑事责任，单位犯罪中直接负责人员亦需承担刑事责任，彰显从严惩治污染环境犯罪的决心，有力威慑违法排污单位并对相关从业人员具有教育警示作用。

6. 撞伤儿童离开遇阻猝死案

郭某某骑自行车与5岁的罗某某相撞，造成罗某某右颌受伤出血、倒在地上。孙某见状阻止意欲离开的郭某某，并与其发生争执。郭某某情绪激动，被物业公司保安劝阻后坐在石墩上，不久因心脏骤停死亡。郭某某家属将孙某及物业公司诉至法院。河南信阳法院审理认为，孙某阻拦郭某某的方式和内容均在正常限度内，对郭某某死亡后果的发生没有过错，且行为目的是保护儿童利益，不存在侵害郭某某的故意或过失，不承担侵权责任；保安的履职行为与郭某某的死亡亦无因果关系，

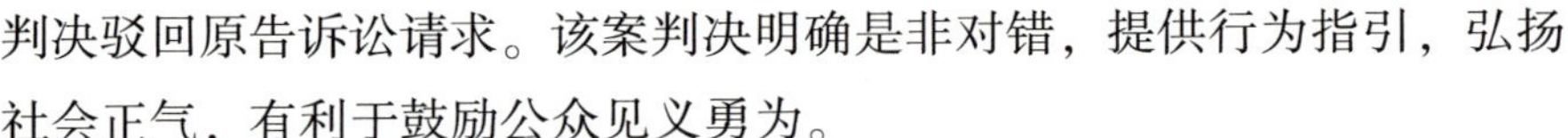

判决驳回原告诉讼请求。该案判决明确是非对错，提供行为指引，弘扬社会正气，有利于鼓励公众见义勇为。

7. 患者飞踹医生反被伤案

一患者因到诊所结算欠款时未带现金而与医生发生争吵，被劝离后再度返回诊所并欲飞踹医生，被医生侧身躲过并抓腿掀倒，致左腿骨折。河南驻马店中院审理认为，医生的行为属正当防卫，判决医生无罪，且不承担民事赔偿责任。该案判决旗帜鲜明向“谁受伤谁有理”的“和稀泥”做法说不，有力维护了医务人员正当防卫的权利。

8. 微信群主踢群第一案

柳某某因违反微信群公告被群主刘某某移出群组后，以刘侵犯其名誉权为由诉至法院。山东青岛法院审理认为，微信群主行使平台设置的管理权限是互联网群组内“谁建群谁负责”“谁管理谁负责”自治规则的运用，本案中刘某某并未对柳某某进行负面评价，柳基于被刘移出群组行为提起的侵权诉讼不属于法院受案范围，其提起诉讼缺乏正当性，遂裁定驳回起诉，案件受理费不予退还。该案进一步明确了互联网群组自治规则，有利于引导公众自觉遵守互联网群组管理有关规定，通过合理方式解决纠纷，防止权利滥用。

9. 群众说事、民事直说、法官说法

陕西延安富县在村组设立“说事室”和“一村（社区）一法官”，由乡村干部通过“拉家常、讲政策、讲道理”的方式先行化解矛盾纠纷，实现群众自我管理。当“群众说事”涉及专业法律问题时，由法官及时进行说法答疑，引导群众运用法治思维和法治方式化解矛盾纠纷。甘肃两当县坚持“有事坐在一起好好说”，搭建“民事直说”平台，召集群众当面反映问题，集中力量现场办理，与法院多元解纷机制对接，把矛盾化解在基层。群众说事、民事直说、法官说法把党的领导与群众自治、政府管理与群众自我管理、依法治县与以德治村相结合，充分体现了党的领导、人民当家作主、依法治国的有机统一。

10. “暗刷流量”案

常某某、许某约定通过“暗刷流量”为某软件产品增加访问量，后因费用支付问题发生争议而诉至法院。北京互联网法院审理认为，“暗刷流量”属欺诈性点击行为，双方订立的合同违背公序良俗、损害社会公共利益，属于无效合同，双方当事人不得基于该合同获利，遂判决驳回原告诉讼请求，收缴双方的非法获利。

答题方法 第3编

第5讲 认识论述题

一、论述题的特点

论述题是法律职业资格考试中一种比较独特的题型，无论是和第一次考试中的客观题相比，还是和第二次考试中的案例题相比，论述题都显得与众不同和难于把握。作为一种试题类型，论述题具有如下特点：

1. 综合性

论述题的题目和考点并不固定在某个特定法律领域，所有法学部门都有可能出题，所有法学理论都可能成为答题的素材和依据。因此，考生在回答时需要有整体思维，要从法学的各个角度进行分析，而不是像回答案例题那样，从特定部门法出发，再回归到特定的唯一正确答案。

2. 政治性

近年来，论述题的考查重点是中国特色社会主义法治理论，这个学科主要体现了中国共产党对于中国法治的基本立场和宏观安排，既有法律的一面，也有政治的一面。在回答这一领域的论述题时，考生一定要对党的文件比较熟悉，要注意政治立场端正，基本观点正确，语言表述严谨。

3. 灵活性

由于论述题的范围及于全部法学领域，论述题的考点、素材会随着国家立法、司法以及学术研究而随时变化，所以相对于别的考试题目，论述题表现出巨大的灵活性：出题的方式灵活，考察的角度灵活，考生的回答当然也可以灵活，可以有自己的想法，一般并没有唯一的、绝对的正确答案。

总之，论述题是一种高度灵活的考试题型，目的在于考察法律人的政治认同和法学素养。答好论述题的关键在于考生要有宽广的视野、深厚的积累和持之以恒的训练。

二、论述题的考核目的

作为一种独特和具有个性的考试题型，论述题的考核目的何在？如果不了解论述题的考核目的，我们就很难进行有针对性的准备和训练。

1. 考查学生对中国法治道路的了解和认同

世界上不存在唯一的法治模式和法治道路，西方的法治经验可以参考，但不能照搬照抄。基于历史、国情和政治制度，中国有自己的法治模式和法治道路。论述题考核的一个重点目标就是：作为一个中国法律人，你是否了解中国的法治模式，是否认同中国的法治道路。

2. 考查考生的法律分析能力

与其他职业或者群体的思维不同，法律人的思维是一种理性思维、程序性思维和法律至上的法治思维。因此，论述题考核的另一个目的就是：你是否在用法律人的思维模式和价值标准去分析和判断法律问题。

3. 考查考生的论证能力

法律人的工作是说服，法律结论的权威性不在于其暴力而在其说理，法律人的工作就是论证一个结论是合法正当的，是应当被服从的。法律人应当进行论证，而没有资格简单地下命令。因此，在论述题写作中，我们不仅要提出自己的观点，更重要的是要用事实、规范、理论去证明自己观点的正确。

4. 考查考生的法律表达能力

法律人的论证和说服要靠语言，而法律人所使用的不是通俗语言，而是专业的法言法语，这是行业内部大家进行交流和沟通所使用的语言体系。在论述题写作时，考生应当使用规范的法言法语。

总之，与其他题目不同，论述题是一种综合性和理论性较强的考试形式，它的主要目的是考查学生的法律分析能力、法律论证能力和法律表达能力，是要看考生能否具有法律职业者的专业思维，能否做到像法律人一样思考、像法律人一样论证、像法律人一样表达。

三、论述题的考试类型

分析近几年论述题的考试情况，根据论述题考核的考点和目的，大致可以将论述题分为如下两类：

（一）政治性论述题

这种论述题，其政治性色彩非常突出，需要考生用党的文件中的观点来回答问题，其考查的是学生对相关政治文件的熟悉程度，考生需要把文件中的观点答出来。例如 2018 年的考试题：

材料一：改革和法治如鸟之两翼、车之两轮。我们要坚持走中国特色社会主义法治道路，加快构建中国特色社会主义法治体系，建设社会主义法治国家。全面依法治国，核心是坚持党的领导、人民当家作主、依法治国有机统一，关键在于坚持党领导立法、保证执法、支持司法、带头守法。要在全社会牢固树立宪法法律权威，弘扬宪法精神，任何组织和个人都必须在宪法法律范围内活动，都不得有超越宪法法律的特权。

——《习近平在庆祝中国共产党成立 95 周年大会上的讲话》

材料二：“全面推进依法治国这件大事能不能办好，最关键的是方向是不是正确、政治保证是不是坚强有力，具体讲就是要坚持党的领导，坚持中国特色社会主义制度，贯彻中国特色社会主义法治理论。”

——摘自《关于〈中共中央关于全面推进依法治国若干重大问题的决定〉的说明》

问题：根据材料，结合自己的实际工作和学习，谈谈坚定不移走中国特色社会主义法治道路的核心要义。

（二）专业性论述题

这种论述题，其法学专业色彩会更浓厚一些，出题素材也可能来自党和国家领导人讲话，但回答则赋予考生一定的灵活度，需要考生运用法学的理论进行回答，允许提出自己的观点。例如2017年的论述题：

材料一：法律本来应该具有定分止争的功能，司法审判本来应该具有终局性的作用，如果司法不公、人心不服，这些功能就难以实现。……我们提出要努力让人民群众在每一个司法案件中都感受到公平正义，所有司法机关都要紧紧围绕这个目标来改进工作，重点解决影响司法公正和制约司法能力的深层次问题。

——摘自习近平：《第十八届中央政治局第四次集体学习时的讲话》

材料二：新华社北京2017年5月3日电：中共中央总书记、国家主席、中央军委主席习近平3日上午来到中国政法大学考察。习近平指出，我们有我们的历史文化，有我们的体制机制，有我们的国情，我们的国家治理有其他国家不可比拟的特殊性和复杂性，也有我们自己长期积累的经验和优势。

问题：请根据材料一和材料二，结合自己对中华法文化中“天理、国法、人情”的理解，谈谈在现实社会的司法、执法实践中，一些影响性裁判、处罚决定公布后，有的深获广大公众认同，取得良好社会效果；有的则与社会公众较普遍的认识有相当距离，甚至截然相反判断的原因和看法。

可以看出，不同类型的论述题对考生的要求是有差别的，政治性论述题能否答好，主要看你对有关文件是否熟悉，而专业性论述题能否答好，则要看你法学功底是否扎实。

第 6 讲　如何回答论述题

论述题本质上是一篇小文章，要把这篇文章写好，不仅要具备一定的政治常识和法学理论，还要掌握必要的答题方法和技巧。

一、如何审题

审题的目的就是要搞清楚：命题人要求你回答什么问题。这个问题弄不清楚，就可能会出现“鸡同鸭讲”，人家问的是如何加强党对法治的领导，你答成了党的领导的内涵和意义，人家问的是如何建设法治政府，你答成了推进公正司法。所以，答好论述题的第一步就是要认真审题，如果审题不到位，就有可能出现方向性错误，导致严重的后果。自己洋洋洒洒写了 800 字，却得了低分甚至零分。

论述题的题干，一般由“材料”和“问题”两个部分组成。“材料”部分看大意即可，就是搞清楚这个材料主要讲了什么；而“问题”部分则要斟字酌句和咬文嚼字，要找到其中的关键词，通过这些关键词把握自己的文章究竟要回答什么。

比如，2017 年论述题的问题是：

请根据材料一和材料二，结合自己对中华法文化中“天理、国法、人情”的理解，谈谈在现实社会的司法、执法实践中，一些影响性裁判、处罚决定公布后，有的深获广大公众认同，取得良好社会效果；有的则与社会公众较普遍的认识有相当距离，甚至截然相反判断的原因和看法。

这一段文字中最重要的关键词是“原因”和“看法”，这篇文章必须回答两个问题：①为什么有些案件处理得不到老百姓的认同，原因在哪里？（这就是分析背后的“原因”）②面对这种情况，你觉得我们该怎么办？（这就是提出自己的“看法”）如果没有认真审题，没有理解这篇文章的答题方向，就有可能回避了命题人的问题，自然也就不可能得到高分。

二、如何确立中心观点

在弄清楚了题目的要求之后，文章要确立中心观点，这个中心观点就是文章的灵魂，它统领着全文，文章的每一个部分都要围绕中心观点展开。关于文章的观点，有如下要求：

1. 观点必须鲜明

也就是说，考生不能持一个左右摇摆、模棱两可、似是而非的观点。说了半天，让阅卷老师不明白你到底支持什么反对什么以及你到底想表达什么。

2. 观点必须切题

也就是说，你的观点应该和试题给出的材料或案例紧密结合，是可以从材料或案例中合理而自然地引申和归纳出来的，而不是风马牛不相及。如果观点和材料毫无关联或者关系不大，则说明作者的分析角度是有问题的，这样的回答会因脱题而无法得高分。

3.（最重要的是）观点必须正确

这里所说的“观点正确”，具体指：

（1）政治正确，就是你的观点一定要和执政党的方针政策、基本立场、核心观点保持一致，要与中国现实国情契合，千万不能偏离甚至背离；

（2）法律正确，就是说你的观点要与现代法治的精神保持一致，既符合我国宪法法律的规定，也符合平等、自由、人权、正义的价值。

三、如何确定文章的结构框架

论述题作为一篇小文章，其结构框架应该包括三个部分：开篇、正文、结尾。我们可以把它称为“三段论”的写作模式。

1. 开篇

“开篇”是文章第一部分，包括一段内容，大概用100字左右。从材料中引申出你的观点或者问题，或者是就理论问题提出一个论述的角度，从而给文章确立一个中心和方向。注意，在第一段开篇部分一定不要照抄材料原文，对于材料内容要用自己的话进行，一两句话带过即可。

2. 正文

“正文”是第二部分，可以分为两三个独立的段落，字数在500字左右。这一部分是文章的重点所在，主要是对本文的中心议题进行阐述和分析，提出解决问题的思路或建议，或者是对题目给出的理论问题进行法理阐释，包括对不同的争论进行辨析，然后提出并论证自己对这个问题的看法。这一部分要注意合适的分段，千万不要把所有内容都写在一段之中，段与段之间最好使用承接词连接，以展现上下文间的逻辑关系，可以采取如下的写法：

（1）首先……（一段）；其次……（一段）；最后……（一段）。

（2）从一个方面来看，……（一段）；从另一个方面来看……（一段）。

（3）第一……（一段）；第二……（一段）；第三……（一段）。

3. 结尾

“结尾”是文章的第三部分，包括一段内容，字数大概在100字左右。结尾部分是对全文论述的概括和提升。考生在这里应用简洁的语言对全文的内容进行高度概括，以使论点更加突出。另外，在可能的情况下还可以结合当代中国法治现实对自己的论述进行理论上的提升，即把文章的境界提升到更高的层面，给文章一个有意义的结尾。

结构	要求	字数
开篇	（1）对材料进行概括，提出本文的主要观点； （2）一个自然段。	100 字左右
正文	（1）对文章中心问题做出回答，阐释、提出对策等； （2）分为两到三个自然段。	500 字左右
结尾	（1）对本文观点进行概括归纳，结合中国法治展望未来； （2）一个自然段。	100 字左右

四、如何对观点进行论证

就论述题写作来说，进行评析和论证的方法主要有下面几种：

1. 政治论证

就是用中国特色社会主义法治理论来开展论证，可以使用的素材包括《中共中央关于全面推进依法治国若干重大问题的决定》、《决胜全面建成小康社会，夺取新时代中国特色社会主义伟大胜利》以及国家领导人关于法治的讲话、文章等。

2. 法理论证

就是运用法学的一般原理进行证明或反驳。这里的法理包括部门法法理和一般法理，前者主要指部门法的原则和理念，如刑法原则和理念、民法的原则和理念等；后者一般指法理学中的法的价值，如自由、平等、人权、正义、法治国家理论等。运用法理进行论证，需要考生具备比较深厚的法学理论功底。

3. 现实论证

法律不是艺术，不允许出现不切合实际的浪漫遐想，所有的观点都应立足当代中国现实，符合社会需求。尤其在讨论当代中国的法律问题时，一定要注意你提出的建议或者理论是否符合中国这个处在转型时期的发展不平衡的大国的现实。

需要特别强调的是，无论你使用什么样的论证方法，一定要从法律的角度出发，不要成了纯道德论证或管理学论证；到底用什么方法来分析论证，一定要根据材料、根据题目进行合适的选择，切忌盲目套用。

五、如何使用语言与素材

法律人有自己的思维方式，也有自己的行业语言。因此，论述题写作一定要使用规范的法言法语，如果满篇都是大白话，基本的法律概念都不会用，肯定不会给阅卷老师留下好印象。

同时还要注意论述题写作的文风，这篇文章的文风要介于专业论文与普通叙述文章之间，既不能过于学术，也不能太过直白。它应当是一种理性、严谨但又不乏活泼的文章类型，具体来说就是报纸上的法治评论文章。

文章写作中还要有恰到好处的材料引用，比如引用一两句著名法学家的言论、法律谚语和法律格言，引用某个法学流派的观点，引用著名法典、文献的条文规定，引用重大的判例等等。合理素材的巧妙引用，会有助于提升文章的学术品位，博取阅卷老师的好感。

第 7 讲　如何进行训练

一、要端正心态

所谓的“端正心态”，主要有两点：

1. 可以参考，但不要迷信所谓“万能答题模板”

对于基础较薄弱的考生来说，别人总结的论述题“答题模板”，可以借鉴参考，但如果相信和指望用一个模板就能答好所有论述题，那就不靠谱了。

2. 不要依赖“押题”

论述题需要长期阅读和训练，需要有扎实的功底，临时抱佛脚绝对不管用。所以，平时一定要阅读，要练习，要是把希望寄托在考前的所谓“押题”上，那基本就是水中月镜中花。

二、多阅读、多训练

1. 关注法治动态

论述题的出题，会受到当年国家法律决策和法学研究的重要影响。因此，考生在平时复习时，千万不可“两耳不闻窗外事，一心只读圣贤书”，要适当地关心国家立法、司法领域出现的新动向、新趋势，并且有意识地进行法理分析；要适当了解法学研究的重大问题和前沿问题，积累一些法理知识和写作素材。

2. 阅读法治文章

论述题不是一时三刻就可以掌握的，它需要平时的阅读和积累，需要考生具备比较深厚的法学修养。建议考生在平时复习时可以有意识地阅读一些法治公众号和法治报刊的评论栏目，通过看别人的时评文章，以提高自己的法律思维、分析和表达能力。

3. 动笔训练

除了看别人的文章，还一定要自己动手写，尤其是在考前一两个月时间里，可以每周写一篇论述题小文章，通过不断地积累，到了考场上很快就会找到写文章的感觉了。

本书第4编提供了日常训练题目，首先是做往年真题，其次是模拟训练题。动笔之前先拟定一个大致提纲，就是本文写几段，第一段写什么，第二段写什么，提纲确定后，用大约30分钟时间完成文章。写完之后，再去查看参考答案，将参考答案与自己的文章进行对比，假如发现自己的文章有问题，那么问题是什么，如何改进。总之，在对比中提升，在训练中进步。

第8讲　往年真题

一、2019年法考主观卷第一题

问题：根据材料，结合你对党和政府深化改革的认识，谈谈法治政府建设对全面依法治国的重要意义和新时代法治政府建设的根本遵循。

答题要求：

1. 无观点或论述、照搬材料原文的不得分；
2. 观点正确，表述完整、准确；
3. 总字数不少于600字。

答题区

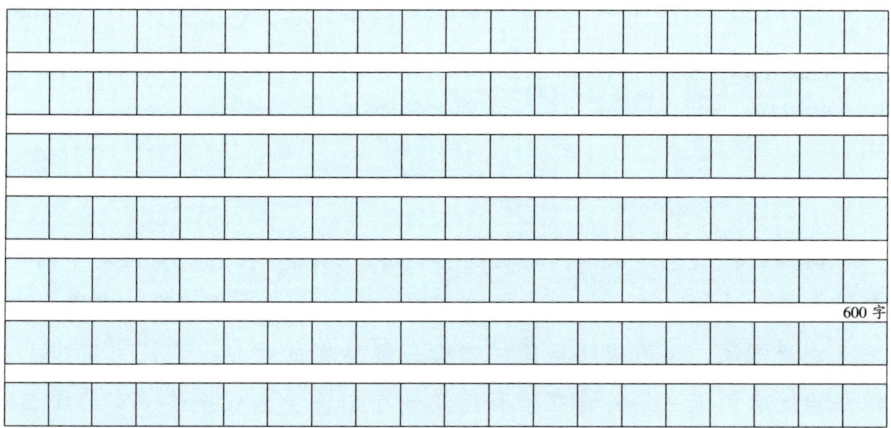

答案要点

全面依法治国，必须坚持法治国家、法治政府、法治社会一体建设。在推进法治中国的系统工程中，建成职能科学、权责法定、执法严明、公开公正、廉洁高效、守法诚信的法治政府，是重要的关键的一个环节。

法治政府建设对全面依法治国具有重要的意义：

（1）法治政府有助于推动国家治理体系现代化。通过转变政府职能，加快法治政府建设，可以加强和完善政府经济调节、市场监管、社会管理、公共服务、生态环境保护职能，调整优化政府机构职能，全面提高政府效能，建设人民满意的服务型政府，从而推动国家治理现代化。

（2）法治政府建设有助于推动社会治理法治化。在社会治理中，政府发挥着主导性作用，政府的管理是否按照法治标准和法治思维进行，不仅直接影响着法律的实施，也影响到公众对法律的认同。严格依法办事，有助于推动社会治理的法治化水平，树立法律权威，引导全面守法。

建设法治政府，坚持以习近平总书记关于中国特色社会主义法治的重要论述为根本遵循，在这其中，首要的就是坚持党的领导不动摇。党的领导是中国特色社会主义最本质的特征，是人民当家作主和依法治国的根本保证。在法治政府建设中，要将党的领导贯彻到法治政府的全过程，在党的坚强领导下有序解决法治政府建设中的复杂难题。其次要坚持以人民为中心。以人民为中心是习近平新时代中国特色社会主义法治思想的鲜明特色，在法治政府建设中，要充分依靠群众，切实保障公众的参与权、知情权、监督权，把人民的福祉作为政府工作的核心。

二、2018 年法考主观卷第一题

材料一：改革和法治如鸟之两翼、车之两轮。我们要坚持走中国特色社会主义法治道路，加快构建中国特色社会主义法治体系，建设社会主义法治国家。全面依法治国，核心是坚持党的领导、人民当家作主、依法治国有机统一，关键在于坚持党领导立法、保证执法、支持司法、带头守法。要在全社会牢固树立宪法法律权威，弘扬宪法精神，任何组织和个人都必须在宪法法律范围内活动，都不得有超越宪法法律的特权。

——摘自《习近平在庆祝中国共产党成立95周年大会上的讲话》

材料二：“全面推进依法治国这件大事能不能办好，最关键的是方向是不是正确、政治保证是不是坚强有力，具体讲就是要坚持党的领导，坚持中国特色社会主义制度，贯彻中国特色社会主义法治理论。”

——摘自《关于〈中共中央关于全面推进依法治国若干重大问题的决定〉的说明》

问题：根据材料，结合自己的实际工作和学习，谈谈坚定不移走中国特色社会主义法治道路的核心要义。

答题要求：

1. 无观点或论述、照搬材料原文的不得分；
2. 观点正确，表述完整、准确；
3. 总字数不少于600字。

答题区

600 字

答案要点

依法治国是坚持和发展中国特色社会主义的本质要求和重要保障，是实现国家治理体系和治理能力现代化的必然要求，事关我党执政兴国，事关人民幸福安康，事关党和国家长治久安。全面建成小康社会、实现中华民族伟大复兴的中国梦，全面深化改革、完善和发展中国特色社会主义制度，提高党的执政能力和执政水平，必须全面依法治国。在推进依法治国伟大战略的过程中，坚持党的领导，坚持中国特色社会主义制度，贯彻中国特色社会主义法治理论构成中国特色社会主义法治道路的核心要义。

党的领导是中国特色社会主义最本质的特征，是社会主义法治最根本的保证。把党的领导贯彻到依法治国全过程和各方面，是我国社会主义法治建设的一条基本经验。我国宪法确立了中国共产党的领导地位。坚持党的领导是社会主义法治的根本要求，是党和国家的根本所在、命脉所在，是全国各族人民的利益所系、幸福所系，是全面依法治国的题中应有之义。

中国特色社会主义制度是中国特色社会主义法治体系的根本制度基础，是全面依法治国的根本制度保障。中国特色社会主义制度是党领导人民奋斗、创造、积累的根本成就之一，集中体现了中国特色社会主义的特点和优势。全面依法治国战略的推进如果脱离了中国特色社会主义制度这一根本依托，必将成为无源之水、无根之木。在法治国家的建设过程中，始终坚持从中国的基本国情出发，汲取中华法律文化精华，借鉴但绝不照搬国外法治理念和经验，是依法治国伟大战略顺利达成的必然要求。

中国特色社会主义法治理论是建设社会主义法治国家的根本指引。社会主义法治理论是将马克思主义普遍真理同中国实际不断结合的理论结晶，是马克思主义法治思想中国化的最新理论成果，是对我党带领全国人民探索法治道路经验的科学总结。伟大的实践离不开伟大的理论，全面深入贯彻中国特色社会主义法治理论，是保障中国特色社会主义法治建设科学性、系统性的精神内核与不二要求。

三、2017 年司考卷四第一题

材料一：法律本来应该具有定分止争的功能，司法审判本来应该具有终局性的作用，如果司法不公、人心不服，这些功能就难以实现。……我们提出要努力让人民群众在每一个司法案件中都感受到公平正义，所有司法机关都要紧紧围绕这个目标来改进工作，重点解决影响司法公正和制约司法能力的深层次问题。

——摘自习近平：《第十八届中央政治局第四次集体学习时的讲话》

材料二：新华社北京 2017 年 5 月 3 日电：中共中央总书记、国家主席、中央军委主席习近平 3 日上午来到中国政法大学考察。习近平指出，我们有我们的历史文化，有我们的体制机制，有我们的国情，我们的国家治理有其他国家不可比拟的特殊性和复杂性，也有我们自己长期积累的经验和优势。

问题：请根据材料一和材料二，结合自己对中华法文化中“天理、国法、人情”的理解，谈谈在现实社会的司法、执法实践中，一些影响性裁判、处罚决定公布后，有的深获广大公众认同，取得良好社会效果，有的则与社会公众较普遍的认识有相当距离，甚至截然相反判断的原因和看法。

答题要求：

1. 无观点或论述、照搬材料原文的不得分；
2. 观点正确，表述完整、准确；
3. 总字数不少于500字。

答题区

答案要点

近年来，在司法实践中，出现了一些影响性裁判，司法机关的判决公布后，有的获得了公众认同，取得了良好社会效果，而有的则与社会公众主流认识有相当距离，甚至相去甚远，远的如 2006 年广州的“许霆案”，近的如 2017 年山东的“辱母案”。此类现象，反映出当前司法与社会之间复杂的关系，值得法律人深思和反省。

（1）这反映了法制现代化转型与传统法律文化之间的紧张。随着中国法制的不断进步，法律越来越发达和先进，法律中的形式理性、程序正当、司法独立得到了充分体现。与此同时，中国有着自己独特的传统法律文化，中华法文化中“天理、国法、人情”体现了中国人看待自我与社会、判断行为对错的重要标准。在现代化的过程中，当代法律制度与传统法律文化之间并未完全协调，难免产生冲突。

（2）这展现了法律职业思维与社会大众思维之间的差异。法律人的思维具有重法律、重理性、重逻辑、重程序等特点，习惯于用冰冷的规则裁判行为对错并得出结论。但是，普通公众看待社会和思考问题更多会采用道德判断和情感思维，会更看重事情在情理上正不正当，会强调处理结果的社会效果好不好。这两种完全不同的思维模式与价值取向，自然会导致对个案审判不同的评价。

面对上述法治转型期的问题，我们不能漠然无视，法律人不能对公众的不满和非议无动于衷。一方面，执法机关要不断开展普法活动，让公众了解法律知识，认同法律理念。司法机关要加强与公众的沟通，裁判文书要加强释法析理，引导公众明白裁判的逻辑，认同司法的判决。另一方面，法学教育和法律人也应认真面对我们自己的传统法律文化和自己的政治、法律体制，在法学研究和司法审判中，将现代法治的一般原则与中国自己的特殊国情相结合，寻求法律与情理之间的平衡，实现法律效果与社会效果的统一。

四、2017 年司考卷四第七题

案情：某省盐业公司从外省盐厂购进 300 吨工业盐运回本地，当地市盐务管理局认为购进工业盐的行为涉嫌违法，遂对该批工业盐予以先行登记保存，并将《先行登记保存通知书》送达该公司。其后，市盐务管理局经听证、集体讨论后，认定该公司未办理工业盐准运证从省外购进工业盐，违反了省政府制定的《盐业管理办法》第 20 条，决定没收该公司违法购进的工业盐，并处罚款 15 万元。公司不服处罚决定，向市政府申请行政复议。市政府维持市盐务管理局的处罚决定。公司不服向法院起诉。

材料一：

1.《盐业管理条例》（国务院1990年3月2日第51号令发布，自发布之日起施行）

第24条 运输部门应当将盐列为重要运输物资，对食用盐和指令性计划的纯碱、烧碱用盐的运输应当重点保证。

2.《盐业管理办法》（2003年6月29日省人民政府发布，2009年3月20日修正）

第20条 盐的运销站发运盐产品实行准运证制度。在途及运输期间必须货、单、证同行。无单、无证的，运输部门不得承运，购盐单位不得入库。

材料二：2016年4月22日，国务院发布的《盐业体制改革方案》指出，要推进盐业体制改革，实现盐业资源有效配置，进一步释放市场活力，取消食盐产销区域限制。要改革食盐生产批发区域限制。取消食盐定点生产企业只能销售给指定批发企业的规定，允许生产企业进入流通和销售领域，自主确定生产销售数量并建立销售渠道，以自有品牌开展跨区域经营，实现产销一体，或者委托有食盐批发资质的企业代理销售。要改革工业盐运销管理。取消各地自行设立的两碱工业盐备案制和准运证制度，取消对小工业盐及盐产品进入市场的各类限制，放开小工业盐及盐产品市场和价格。

材料三：2017年6月13日，李克强总理在全国深化简政放权放管结合优化服务改革电视电话会议上的讲话强调，我们推动的“放管服”改革、转变政府职能是一个系统的整体，首先要在“放”上下更大功夫，进一步做好简政放权的“减法”，又要在创新政府管理上破难题，善于做加强监管的“加法”和优化服务的“乘法”。如果说做好简化行政审批、减税降费等“减法”是革自己的命，是壮士断腕，那么做好强监管“加法”和优服务“乘法”，也是啃政府职能转变的“硬骨头”。

放宽市场准入，可以促进公平竞争、防止垄断，也能为更好的“管”和更优的“服”创造条件。

问题： 请基于案情，结合材料二、材料三和相关法律作答。（要求观点明确，说理充分，文字通畅，字数不少于400字）

谈谈深化简政放权放管结合优质服务改革，对推进政府职能转变、建设法治政府的意义。

答题区

答案要点

简政放权放管结合优质服务改革，是一场从理念到体制的深刻变革，对于推进政府职能转变，建设法治政府具有重要意义。

（1）“简政放权放管结合”有助于推进市场经济的健康发展。“简政放权放管结合”能激发市场主体的创造活力，促进经济稳定增长；能更好地发挥地方的作用，激发内在活力；能推动经济转型，释放改革红利、激发内需潜力、形成新动力。

（2）“简政放权放管结合”有助于政府更好地履行职责、服务社会。改革取消和下放权力是为了更有力地创新和强化社会管理，把政府该管的管住管好。“简政放权放管结合”既是增强政府治理、建设现代政府的内在要求，也是提升政府公信力、执行力和权威性，更好服务人民群众的有效保障。

在建设法治中国的背景下，各级政府应紧紧围绕处理好政府与市场关系，按照使市场在资源配置中起决定性作用和更好发挥政府作用的要求，始终抓住“放管服”改革这一牛鼻子，加快政府职能转变，推进建设法治政府。

五、2013 年司考卷四第七题

材料：孙某与钱某合伙经营一家五金店，后因经营理念不合，孙某唆使赵龙、赵虎兄弟寻衅将钱某打伤，钱某花费医疗费 2 万元，营养费 3000 元，交通费 2000 元。钱某委托李律师向甲县法院起诉赵家兄弟，要求其赔偿经济损失 2.5 万元，精神损失 5000 元，并提供了医院诊断书、处方、出租车票、发票、目击者周某的书面证言等证据。甲县法院适用简易程序审理本案。二被告没有提供证据，庭审中承认将钱某打伤，但对赔偿金额提出异议。甲县法院最终支持了钱某的所有主张。

二被告不服，向乙市中院提起上诉，并向该法院承认，二人是受孙某唆使。钱某要求追加孙某为共同被告，赔偿损失，并要求退伙析产。乙市中院经过审查，认定孙某是必须参加诉讼的当事人，遂通知孙某参加调解。后各方达成调解协议，钱某放弃精神损害赔偿，孙某即时向钱某支付赔偿金 1.5 万元，赵家兄弟在 7 日内向钱某支付赔偿金 1 万元，孙某和钱某同意继续合伙经营。乙市中院制作调解书送达各方后结案。

问题：近年来，随着社会转型的深入，社会管理领域面临许多挑战，通过人民调解、行政调解、司法调解和民事诉讼等多种渠道化解社会矛盾纠纷成为社会治理的必然选择；同时，司法改革以满足人民群众的司法需求为根本出发点，让有理有据的人打得赢官司，让公平正义通过司法渠道得到彰显。请结合本案和社会发展情况，试述调解和审判在转型时期的关系。

答题要求：

1. 观点明确，逻辑清晰，说理充分，文字通畅；
2. 总字数不少于 300 字。

答题区

答案要点

作为解决社会纠纷最重要的两种机制，调解和审判之间既存在协调与互补，也存在紧张与冲突。因此，在社会转型时期，应当坚持“能调则调、当判则判”的原则，综合运用两种手段，化解社会矛盾。

（1）对于能够调解解决的案件，应当积极进行调解。调解是一种中国法律传统，具有形式灵活、成本低廉、有助于维系双方和睦关系等优点。对于那些冲突不是很严重，情节比较简单、纠纷双方存在较好关系的案件，人民法院应当多讲情理，做好双方之间的沟通与妥协，积极促成调解。

（2）对于无法达成调解或不适合进行调解的案件，法院应当公平、高效地作出裁判。调解要求双方同意，若一方不同意，则调解无法进行。在有些案件中，双方的矛盾非常尖锐，或者存在非常严重的违法情节时，法院应该及时严格适用法律，作出公正裁判，以捍卫法律的权威，使受害者得到救济。

第9讲　模拟训练

训　练　1

材料：2019年5月，中央全面依法治国委员会办公室印发了《关于开展法治政府建设示范创建活动的意见》。该意见要求：深入贯彻落实党中央、国务院关于法治政府建设决策部署，不断把法治政府建设向纵深推进。

问题：运用中国特色社会主义法治理论，谈谈如何建设法治政府。

答题区

答案要点

党的十九大报告对“建设法治政府，推进依法行政，严格规范公正文明执法”作出重要部署。当前，需要深刻认识建设法治政府的重大意义，坚定不移把法治政府建设加快向前推进。

建设法治政府，就要把政府工作全面纳入法治轨道，让政府用法治思维和法治方式履行职责，确保行政权在法治框架内运行；建设法治政府，推进依法行政，需要坚持职权法定和权责一致的原则。行政机关应坚持依法行使公权力，坚决纠正不作为、乱作为现象。同时，坚持权责一致、权责相当，不能有权无责或有责无权；建设法治政府，要求政府依法全面履行职能。政府在履职过程中，要严格遵循决策程序，包括公众参与、专家论证、风险评估、合法性审查、集体决策等；建设法治政府，必须把权力关进制度的笼子里。加强对行政权力的制约和监督，要全面推进政务公开。

总之，全面依法治国，要求政府必须依法办事，按照法治政府的原则、标准、程序提供服务和管理，不断推动国家行政治理的现代化。

训 练 2

材料：1963 年，浙江诸暨干部群众创造了“发动和依靠群众，坚持矛盾不上交，就地解决，实现捕人少、治安好”的“枫桥经验”。五十多年来，各地学习推广“小事不出村、大事不出镇、矛盾不上交”等经验做法，“枫桥经验”展现出历久弥新的魅力，成为全国政法综治战线一面高高飘扬的旗帜。2013 年 10 月，习近平总书记就坚持和发展“枫桥经验”作出重要指示强调，各级党委和政府要充分认识“枫桥经验”的重大意义，发扬优良作风，适应时代要求，创新群众工作方法，善于运用法治思维和法治方式解决涉及群众切身利益的矛盾和问题，把“枫桥经验”坚持好、发展好，把党的群众路线坚持好、贯彻好。

问题：根据新时代中国特色社会主义法治思想，结合法治社会建设，谈谈你对“枫桥经验”的认识。

答题区

答案要点

当前，我国社会主要矛盾发生了新变化，在建设法治社会的进程中，社会治理面临很多新课题、新挑战。在此背景下，必须着力推动基层社会治理现代化，把“枫桥经验”坚持好、发展好。

首先，践行“枫桥经验”，要坚持把自治、法治、德治作为根本方式。自治、法治、德治“三治融合”源于基层实践，是“枫桥经验”创新发展的重大成果。要坚持以自治为基础、法治为保障、德治为先导，优化基层社会治理体系。

其次，践行“枫桥经验”，要充分发挥群众自治的基础作用。加强群众基层自治，一方面要充分发挥法治建设的保障作用，将基层社会治理纳入法治轨道。另一方面要充分发挥道德建设教化作用，坚持以社会主义核心价值观为统领，塑造自尊自信、理性平和、积极向上的社会心态。

总之，“枫桥经验”是党领导人民创造的一整套行之有效的社会治理方案。在建设法治社会的历史进程中，应当坚持创新发展新时代“枫桥经验”，不断提高社会治理现代化、法治化、智能化、专业化水平。

训练3

材料：2013年3月20日，姚新金、刘天水通过特快专递，要求福建省永泰县国土资源局书面公开二申请人房屋所在区域地块拟建设项目的“一书四方案”，即建设用地项目呈报说明书、农用地转用方案、补充耕地方案、征收方案、供地方案。2013年5月28日，永泰县国土资源局作出《关于刘天水、姚新金申请信息公开的答复》，称：“你们所申请公开的拟建设项目的‘一书四方案’，不属于公开的范畴。”申请人不服，提起行政诉讼。永泰县国土资源局答辩称：“一书四方案”系被告制作的内部管理信息，处在审查中的过程性信息，不属于《政府信息公开条例》所指应公开的政府信息，被告没有公开的义务。

永泰县人民法院经审理认为，“一书四方案”系永泰县国土局在向上级有关部门报批过程中的材料，不属于信息公开的范围。判决驳回原告诉讼请求。姚新金、刘天水不服，提出上诉。福州市中级人民法院经审理认为，根据《土地管理法实施条例》的规定，永泰县国土资源局是“一书四方案”的制作机关，福建省人民政府作出征地批复后，有关“一书四方案”已经过批准并予以实施，不再属于过程性信息及内部材料，被上诉人不予公开没有法律依据。判决撤销一审判决，责令永泰县国土资源局限期向姚新金、刘天水公开“一书四方案”。

问题：结合上述案例，论述信息公开对于法治政府建设的意义以及如何更好地保障公民的信息知情权。

答题区

答案要点

法治政府应当是公开的政府和透明的政府。作为国家主权所有者的人民，对于政府的职权活动有权利了解和知情，与此相对应，提供途径和条件实现人民的知情权，则是一个负责任的政府的应有之义。

信息公开对法治政府建设具有诸多意义。一方面，它有助于促进政府工作。依法实施政府信息公开是政府密切联系人民群众、转变政风的内在要求，是提高政府公信力和保障公众知情权、参与权、监督权的重要举措；另一方面，在网络时代，信息本身就是一种重要的财富和资源，让公众获取数据信息，有助于信息资源的开发利用，有助于促进经济社会发展，这也是政府服务社会的重要内容。

为推动政府信息公开，政府要转变观念，切实尊重和满足公众的信息知情权，除了依申请公开外，还要加大主动公开的力度和广度；政府要借助现代信息技术，不断创新政务公开方式，加强互联网政务信息数据服务平台和便民服务平台建设，提高政务公开信息化、集中化水平，推进决策公开、执行公开、管理公开、服务公开、结果公开。与此同时，司法机关也要发挥积极作用，在公民的知情权受到侵害时，以事实为依据，以法律为准绳，做出公正裁判，规训政府以更谦卑的心态，尊重和保障公民知情权。

总之，通过信息公开，可以督促政府全面履行法定职责，不断提高执法水平，为社会提供更有效的管理和更优良的服务；通过信息公开，可以引导公众更全面更真实地了解政府的工作，从而避免不必要的误解，加强沟通，增进官民之间的互信和理解。

训 练 4

材料：2018 年 9 月 19 日，在永州到深圳北 G6078 次高铁上的一名女性周某强行坐到了他人的靠窗座位，当列车工作人员协调座位时，却遭到了女子的“强词夺理”，霸占座位不肯让座。2018 年 9 月 19 日，事件周某被认定其行为构成“扰乱公共交通工具上的秩序”的违反治安管理行为，被处以罚款 200 元的行政处罚。2018 年 9 月 20 日，铁路客运部门根据国家发改委等八部门下发《关于在一定期限内适当限制特定严重失信人乘坐火车推动社会信用体系建设的意见》的规定，在铁路征信体系中记录 9 月 19 日 G6078 次列车旅客周某某信息，并在一定期限内限制其购票乘坐火车。该旅客将自公示期满无有效异议之日起，180 天内无法购买火车票。

问题：结合上述材料，谈谈如何建设法治社会？

答题区

答案要点

建设法治中国，不仅要求法治政府，更要求法治社会。屡次出现的火车霸座事件，表明某些社会成员不懂规矩、不守规矩的情形还比较普遍，需要积极推进法治社会建设。

（1）要加强法治教育，提高全社会的法治意识和守法观念。最伟大的法律不是在文本之中，而是在人心之中。如果一个社会大多数人对法律没有敬畏没有认同，再好的法律也不可能得到实施。因此，要开展全方位的法治教育，引导全社会树立法治意识，使人们发自内心地对宪法和法律信仰与崇敬，把法律规定内化为行为准则，积极主动地遵守宪法和法律。

（2）要完善违法惩戒和守法褒奖机制。要建立覆盖全社会的征信系统，完善守法诚信褒奖机制和违法失信惩戒机制，形成“守信者走遍天下，失信者寸步难行”的奖惩机制。唯有如此，才能让不诚信者得到制裁，让守法诚信者得到保护和尊重，让全社会感受到公平正义。

（3）坚持法治建设与道德建设相结合。在社会治理中，法律有缺陷，道德可以来补充。通过法治与德治相结合，可以把他律与自律紧密结合起来，把法律制裁与道德谴责结合起来，两者相辅相成、相互促进，共同引领全社会自觉守法，维护法律权威。

训 练 5

材料：对于那些一时冲动想要离婚的夫妻，法院正设法让他们冷静一下。近日，最高人民法院发文规定，人民法院审理离婚案件，经双方当事人同意，可以设置不超过3个月的冷静期。冷静期内，人民法院可以根据案件情况开展调解、家事调查、心理疏导等工作。冷静期结束，人民法院应通知双方当事人。事实上，在最高法正式对冷静期期限作出明确规定之前，地方试点已经走在前面：2017年3月，四川省安岳县人民法院发出该省首封“离婚冷静期”通知书；2017年7月，陕西省丹凤县人民法院庚岭法庭发出陕西首份离婚冷静期通知书。2017 年 10 月，山东省济南市市中区人民法院在全市首推离婚冷静期制度；2018 年 7 月 16 日，广东省高级人民法院发布《广东法院审理离婚案件程序指引》，首次提出离婚冷静期的完整规定，将离婚冷静期区分为情绪约束冷静期和情感修复冷静期，并规定了不同的启动条件、设置期限和运用规则。

问题：对于法院设定离婚冷静期，有人赞成，认为有助于捍卫家庭价值，有人反对，认为它是对公民离婚自由的干涉和限制。请结合材料，谈谈你对此事的看法。

答题区

答案要点

婚姻和家庭承载着重要的社会功能，凝结着人们对美好生活的期待。因此，它应该在法律层面得到认真地对待和保护。目前，由于制度的不完善，使得很多夫妻因锅碗瓢盆、油盐酱醋等小事而闹离婚，草率离婚越来越多。在此背景下，司法机关设立离婚冷静期，具有积极意义。

婚姻冷静期制度有助于督促当事人认真对待情感和婚姻，减少盲目和草率的离婚。家和万事兴，离婚不是坏事，但轻率的离婚则可能带来伤害，尤其是对未成年子女带来的伤害。因此，婚姻冷静期制度，可以让当事人更理性和谨慎地考虑婚姻，在考虑自我感受的同时，也考虑到自己对他人和社会的责任。婚姻冷静期制度，既体现对当事人的关怀，也体现了对公共利益的关注。

事实上，离婚冷静期并非中国司法的首创，世界上很多国家都设立了类似的制度。比如，加拿大法律规定，婚姻破裂且分居达一年者，才准许办理离婚手续；在美国的普通离婚程序中，当事人需要经过 6 个月的等候期之后，离婚手续才会办完；英国法律规定，婚姻当事人作出离婚声明后，须经过 9 个月的反省与考虑期后，才有可能准许离婚。

当然，司法机关在通过婚姻冷静期制度督促当事人深思熟虑、谨慎对待感情和婚姻的时候，必须尊重双方当事人的自我意愿和离婚自由。如人饮水，冷暖自知，婚姻是否幸福，唯有当事人自己明白。因此，离婚冷静期制度的适用，必须充分尊重当事人的权利和自由，把最终是否继续维系婚姻的选择权，真正交给当事人自己。

材料：为了运用科技手段预防违法犯罪、保护人民群众生命财产安全，某市政府全面实施“探头工程”，要求在全市的党政机关、公共场所、企事业单位、居民小区和乡镇村庄全方位安装摄像探头，并且要求摄影探头安装务必做到“全方位、无死角、高隐秘”。

问题：党的十九大报告提出“建设法治政府，推进依法行政，严格规范公正文明执法”的部署，请结合党的部署以及相关法学理论，对该市上述措施进行评析。

答题区

答案要点

党的十九大报告提出“建设法治政府，推进依法行政，严格规范公正文明执法”的部署，这对行政机关提出了要求。上述市政府的“探头工程”，在目的上具有正当性，但具体措施涉嫌违背“规范文明执法”的要求。

从执法目的的角度看，市政府从“运用科技手段预防违法犯罪、保护人民群众生命财产安全”的目的出发，在全市范围内安装摄像头的行为符合执法的目的，应当予以肯定。政府部门尤其是公安部门，负有维护社会治安、维护公共秩序、打击违法犯罪、保护公共利益的法定职责，通过安装摄像镜头，可以震慑违法者、收集违法犯罪证据，帮助行政机关更好履行法定职责。

从执法手段的角度看，市政府的上述措施违背了比例原则，会产生较大的负面后果，不符合规范文明执法的要求。比例原则意味着政府在实现其合法目的但会产生不利后果时，应把这种不利影响控制在最小限度之内。

市政府要求“全方位、无死角、高隐秘”安装摄像探头，这会对公民的隐私权造成不必要的损害，不仅会妨碍公民的行动自由，而因此获得的影像资料也存在被滥用的可能。因此，政府的摄像探头安装应当严格控制在必要的领域内，并且有适当的标识，以此把对公众生活的不利影响和负面作用控制在最小限度之内。

图书在版编目（CIP）数据

理论法主观题：素材与方法/李宏勃编著.—北京：中国政法大学出版社，2020.8
ISBN 978-7-5620-6994-2

Ⅰ.①理… Ⅱ.①李… Ⅲ.①法的理论—中国—资格考试—自学参考资料 Ⅳ.①D920.0

中国版本图书馆CIP数据核字(2020)第099184号

出版者　中国政法大学出版社
地　址　北京市海淀区西土城路25号
邮寄地址　北京100088信箱8034分箱　邮编100088
网　址　http://www.cuplpress.com（网络实名：中国政法大学出版社）
电　话　010-58908285(总编室) 58908433（编辑部）58908334(邮购部)
承　印　北京铭传印刷有限公司
开　本　720mm×960mm　1/16
印　张　8.5
字　数　125千字
版　次　2020年8月第1版
印　次　2020年8月第1次印刷
定　价　35.00元

厚大法考 2020 年师资团队简介

民法主讲老师

张　翔	民法萌叔，西北政法大学民商法学院院长，教授，博士生导师，法考培训授课教师，授课经验丰富。倡导“理论、法条、实例”三位一体的教学方法。授课条理清晰，深入浅出，重点明确，分析透彻。
杨　烁	中山大学法学博士，具有深厚的民法理论功底、丰富的教学与实践经验，首创“法考三杯茶”理论，将枯燥的民法法条融会贯通于茶与案例之中，深入浅出。游刃于民法原理与实务案例之间，逻辑清晰，层层递进，其课堂有润物细无声的效果，让考生分析案件时才思泉涌，顺利通关！
李仁玉	法考培训界民法泰斗，拥有多年命题经验，现任北京工商大学法学院教授，曾先后兼任中国政法大学、国家检察官学院、上海政法学院、中华女子学院校聘客座教授。讲课直击考点，繁简得当，重点突出。
吴一鸣	民商法博士，华东政法大学副教授，法律学院民商法教研室副主任，中国法学会比较法研究会理事。授课重点突出，体系性强，清晰有条理，深受学生喜爱。
崔红玉	厚大新晋新锐讲师。武汉大学民商法学专业出身，法律功底扎实，拥有多年教学实践经验，对民法有独特的感悟。擅长体系化和启发式教学，帮助学生将琐碎的知识点用逻辑串成整体，让学生知其所以然。

刑法主讲老师

罗　翔	北京大学法学博士，中国政法大学教授、刑法学研究所所长，入选法大 2008 年以来历届“最受本科生欢迎的十位老师”，曾参与司法部司考题库设计和供题。授课幽默，妙趣横生，深入浅出，重点清晰，使考生迅速理解和掌握刑法的艰深理论。
刘　伟	中国政法大学刑法学博士，长期从事刑法相关教学工作，授课直击要害。擅长摸索出题人的命题规律，总结分析，直击命门。
陈　橙	厚大新晋新锐讲师。本硕博分别就读于华东政法大学、北京大学、清华大学，从事法考培训多年。善于概括总结知识点，将繁琐的知识点简单化，方便学生记忆，注重与学生互动，语言幽默，善于把握真题和最新试题动向。
卢　杨	厚大新晋新锐讲师。刑事法学研究生毕业，理论功底扎实，对命题趋势把握得当，条理清晰，有着丰富的授课经验，擅长将抽象的刑法学理论具体化为生活中的案例，所以课堂氛围非常好，深受考生喜爱。

行政法主讲老师

魏建新	中国政法大学法学博士，天津师范大学教授，政治学博士后出站。人大立法咨询专家，政府法律顾问，仲裁员。以案释法，让行政法易通好懂，实现通俗化行政法；以最简练的表格建立最完整的知识体系，让行政法易背好记，实现图表化行政法；深谙命题风格和思路，一切从考试出发归纳重点、突破难点，让行政法易学好用，实现应试化行政法。
兰燕卓	中国政法大学法学博士，政治学博士后，具有丰富的法考培训经验，考点把握精准，擅长将繁杂考点系统化、明晰化，有效挖掘考点的关联性；授课重点突出，知识体系清晰，课堂气氛轻松活跃，有效提高备考效率。
黄韦博	中南财经政法大学法学博士，课堂气氛活跃，善于采取原理、法条和解题相结合的方法授课，善于运用启发式、互动式、图表式和串联式的教学方法，直击考点陷阱，让考生轻松掌握抽象的行政法原理。

民诉法主讲老师

刘鹏飞	民诉法专业博士，专注民诉法学研究，从事司法考试和法律职业资格考试培训近十年。授课经验丰富，学术功底扎实。授课化繁为简、去粗取精，多年来形成独特风格：用法理重新解读繁杂法条且条理清晰；编写的案例贴近实践，简明易懂且语言风趣。
张　佳	厚大新晋新锐讲师。华东政法大学毕业，法学理论功底扎实。厚大人称“小师妹”，年龄不大，能力不小。授课思路清晰，详略得当，应试性强。学民诉，信佳佳，高分不是神话！

郭　翔	北京师范大学副教授，清华大学法学博士，具有多年法考培训经验，深知命题规律，了解解题技巧，对考试内容把握准确，授课重点明确，层次分明，条理清晰，将法条法理与案例有机融合，强调综合，深入浅出。
朱小钰	民诉法博士，厚大新晋新锐讲师，深谙民事诉讼和仲裁程序。硕博期间曾参与多个司法解释条文理解与适用的编写，了解相关立法趋势，让考生把握法考重点和热点内容。课堂气氛活跃，擅长总结知识点和体系，手把手教学生识记与理解，力求让学生当堂吸收与消化。

刑诉法主讲老师

向高甲	有 11 年刑诉应试培训经验，对于刑事诉讼法的教学有自己独特的方式和技巧，其独创的“口诀记忆”法，让法条记忆不再枯燥。授课幽默，富有活力，其清晰的讲义和通俗易懂的解读让人印象深刻。善于把握出题思路，对于出题者的陷阱解读有自己独特的技巧，让考生能在听课后迅速提高解题技能。向老师目前也是一位执业律师，其丰富的实务经验让授课内容更符合当下法考案例化的考试要求。
郭抑扬	中国政法大学博士，扎实的理论加上苏格拉底式的提问与举例，让刑诉法更加充满思辨的趣味。课堂上谈笑风生，能迅速让学员了解刑诉法条内在的逻辑、考点和易混点；在事实、法律之间辗转腾挪，将枯燥的法条形象化，减少记忆的时间和难度。
李　辞	中国政法大学博士，高校副教授、硕士生导师。深谙法考重视综合性、理论性考查的命题趋势，善于搭建刑诉法学科体系架构，阐释法条背后的原理、立法背景与法条间的逻辑关系，通过对知识点的对比串联强化记忆。
邓丽亚	厚大新晋新锐讲师。法学研究生毕业，具有多年法考一线教学辅导实践经验，案例储备丰富，上课风趣幽默，繁简得当，贯彻应试教学核心理念，帮助考生实现高效学习。

商经知主讲老师

鄢梦萱	西南政法大学经济法学博士，知名司考（法考）辅导专家。自 2002 年开始讲授司法考试商经法，从未间断。在 17 年教学中积累了丰富的经验，熟悉每一个考点、每一道真题，掌控每一个阶段、每一项计划，不仅授课节奏感强、循序渐进，课程体系完备、考点尽收囊中；而且专业功底深厚，对复杂疑难问题的讲解清清楚楚、明明白白，犹如打通任督二脉；更重要的是熟悉命题规律，考前冲刺直击考点，口碑爆棚。
赵海洋	中国人民大学法学博士，法学博士后，商经法新锐名师。“命题人视角”授课理念的提倡者，“考生中心主义”讲授模式的践行者。授课语言诙谐，却暗蕴法理，让复杂难懂的商经法“接地气”。注重法理与实务相结合，避免“纯应试型”授课，确保考生所学必有所用。独创“盲目自信法”和“赵氏科学蒙猜法”，真正做到“商经跟着海洋走，应试实务不用愁”。

三国法主讲老师

殷　敏	上海对外经贸大学教授，法学博士后，硕士生导师；美国休斯顿大学访问学者、中国人民大学访问学者；中国国际法学会理事、中国国际私法学会理事、中国国际经济法学会理事，中国欧洲学会欧洲法律研究会理事；入选 2019 年度上海市浦江人才计划。从事三国法司法考试培训 10 余年，对考点把握极其精准，深受广大学员喜爱。
段庆喜	中国人民大学法学院国际法博士，法考培训三国法辅导名师，具有多年授课辅导经验。善于总结归纳，将抽象、高冷的国际法知识与日常生活巧妙对接，易于考生理解，令规则学习变得有趣、有料。

理论法主讲老师

高晖云	中南财经政法大学法学博士，高校法学教师，中央电视台 CCTV-12“法律讲堂”主讲人。自 2004 年起执教高校，讲授法理学、宪法学、中外法律史等多门课程，授课幽默风趣，风格轻松流畅，善于以扎实的理论功底打通理论法学脉络，独创“抠字眼、讲逻辑”六字真言，让考生穿透题面，直击考点，斩获高分。
李宏勃	法学教授，硕士生导师。讲课深入浅出、条理清晰，能够将抽象的法学原理、宪法条文与鲜活的社会生活相结合。在传授法律知识与应试技巧的同时，强调培养学员的法律思维与法治理念。

厚大法考（南京/杭州）2020年主观题教学计划

主观题班次（全日制脱产）		授课时间	标准学费（元）	阶段优惠(元)		
				7.10 前	8.10 前	9.10 前
大成系列	主观高效提分 A 班	9.1~11.24	26800	17800	18800	19800
	主观高效提分 B 班	9.1~11.24	26800	①协议班次无优惠;②专属辅导,一对一批阅;③赠送 10 人专属自修室。		
	主观短训 A 班	10.12~11.24	17800	10800	11800	12800
	主观短训 A 班 VIP 模式	10.12~11.24	17800	①协议班次无优惠;②专属辅导,一对一批阅;③赠送 10 人专属自修室。		
	主观突破班	10.12~11.11	10800	5980	6980	7980
	主观突破班 VIP 模式	10.12~11.11	10800	①协议班次无优惠;②专属辅导,一对一批阅;③赠送 10 人专属自修室。		
冲刺系列	主观短训 B 班	11.4~11.24	13800	8800	9800	10800
	主观短训 B 班 VIP 模式	11.4~11.24	13800	①协议班次无优惠;②专属辅导,一对一批阅;③赠送 10 人专属自修室。		
	主观决胜班	11.13~11.24	10800	6980	7480	7980
	主观点睛班（原国庆密训营）	11.13~11.20	8800	5480	5980	6480
	主观点睛班(退费模式)	11.13~11.20	10800	协议班次无优惠,主观题不过全退。		
周末系列	主观周末全程班	3.14~11.24	25800	已开课		
	主观周末精英班	3.14~11.24	19800	已开课		
	主观周末特训班	7.11~11.24	22800	16800	已开课	
	主观周末提分班	8.29~11.24	16800	9800	10800	11800

其他优惠：

1. 多人报名可在优惠价格基础上再享团报优惠：3人（含）以上报名，每人优惠200元；5人（含）以上报名，每人优惠300元；8人（含）以上报名，每人优惠500元。
2. 厚大面授老学员报名再享9.5折优惠。
3. 厚大非面授老学员报名再享100元优惠。

【南京教学基地】南京市鼓楼区汉中路108号金轮大厦10C2室
咨询热线：025-84721211/86557965

【杭州教学基地】浙江省杭州市江干区下沙2号大街515号智慧谷大厦1009室
咨询热线：0571-28187005/28187006

厚大法考 APP

厚大法考官博

南京厚大法考官博

杭州厚大法考官博

厚大法考（广州）2020年客观题面授教学计划

<table>
<tr><th colspan="2" rowspan="2">班次名称</th><th rowspan="2">授课时间</th><th rowspan="2">标准学费(元)</th><th colspan="3">阶段优惠(元)</th><th rowspan="2">备 注</th></tr>
<tr><th>7.10前</th><th>8.10前</th><th>9.10前</th></tr>
<tr><td rowspan="2">暑期系列</td><td>客观暑期精英班</td><td>7.9~9.1</td><td>9980</td><td>9200</td><td colspan="2">已开课</td><td>本班随堂资料</td></tr>
<tr><td>客观暑期全程班</td><td>7.9~9.1,客观题考前13日~客观题考前5日</td><td>12800</td><td>11800</td><td colspan="2">已开课</td><td rowspan="11">本班配套图书及随堂资料</td></tr>
<tr><td rowspan="5">延期新增脱产系列</td><td>主客一体全程班优惠模式</td><td rowspan="3">7.9~客观题考前5日</td><td>18800</td><td>14800</td><td colspan="2">已开课</td></tr>
<tr><td>主客一体全程班VIP模式</td><td>18800</td><td colspan="3">VIP模式无优惠,座位前三排,导学师跟踪辅导,限额招生。</td></tr>
<tr><td>主客一体全程班退费模式</td><td>39800</td><td colspan="3">退费模式无优惠,客观题不过,退30000元,过关奖励9800元,导学师跟踪辅导,限额招生10人。</td></tr>
<tr><td>主客一体特训班</td><td>8.13~客观题考前5日</td><td>15800</td><td>11800</td><td colspan="2">12800</td></tr>
<tr><td>主客一体提分班</td><td>9.1~客观题考前5日</td><td>11800</td><td>8800</td><td colspan="2">9800</td></tr>
<tr><td>冲刺系列</td><td>点睛冲刺班</td><td>客观题考前13日~客观题考前5日</td><td>4580</td><td>4280</td><td colspan="2">4380</td></tr>
<tr><td rowspan="4">周末系列</td><td>客观周末特训班</td><td>8月初~9月,客观题考前13日~客观题考前5日</td><td>8980</td><td>8480</td><td>8680</td><td>已开课</td></tr>
<tr><td>主客一体周末特训班</td><td>8月初~客观题考前5日</td><td>13800</td><td>10500</td><td>10800</td><td>已开课</td></tr>
<tr><td>主客一体周末精英班</td><td>8月初~客观题考前13日</td><td>9800</td><td>7800</td><td colspan="2">已开课</td></tr>
<tr><td>主客一体周末提分班</td><td>9月中下旬~客观题考前5日</td><td>9800</td><td>6800</td><td>7800</td><td>8800</td></tr>
<tr><td colspan="8">2020年6月20日之前已经报名原2020客观题面授班次的学员,加3000元可读新增主客一体阶段课程。</td></tr>
</table>

其他优惠：

1. 3人（含）以上报名，每人优惠200元；5人（含）以上报名，每人优惠300元；8人（含）以上报名，每人优惠500元。
2. 厚大面授老学员报名享九折优惠，厚大非面授老学员报名享200元优惠。

【广州分校】广州市海珠区新港东路1088号中洲交易中心六元素体验天地1207室　020-87595663　020-85588201

广州市天河区龙口东路19号广东法官学院908室　020-87595663　020-85588201

厚大法考官博

广州厚大法考官微

厚大法考（深圳）2020 年客观题面授教学计划

<table>
<tr><th colspan="2" rowspan="2">班次名称</th><th rowspan="2">授课时间</th><th rowspan="2">标准学费（元）</th><th colspan="3">阶段优惠(元)</th><th rowspan="2">备　注</th></tr>
<tr><th>7.10 前</th><th>8.10 前</th><th>9.10 前</th></tr>
<tr><td rowspan="2">暑期系列</td><td>客观暑期精英班</td><td>7 月下旬~9 月下旬</td><td>8880</td><td>8680</td><td colspan="2">已开课</td><td>本班随堂资料</td></tr>
<tr><td>客观暑期全程班</td><td>7 月下旬~9 月下旬,客观题考前 13 日~客观题考前 5 日</td><td>9880</td><td>9680</td><td colspan="2">已开课</td><td rowspan="9">本班配套图书及随堂资料</td></tr>
<tr><td rowspan="4">延期新增脱产系列</td><td>主客一体全程班优惠模式</td><td rowspan="3">7 月下旬~客观题考前 5 日</td><td>18800</td><td>12800</td><td colspan="2">已开课</td></tr>
<tr><td>主客一体全程班 VIP 模式</td><td>18800</td><td colspan="3">VIP 模式无优惠,座位前三排,导学师跟踪辅导,限额招生。</td></tr>
<tr><td>主客一体全程班退费模式</td><td>39800</td><td colspan="3">退费模式无优惠,客观题不过,退 30000 元,过关奖励 9800 元,导学师跟踪辅导,限额招生 10 人。</td></tr>
<tr><td>主客一体提分班</td><td>10 月初~客观题考前 5 日</td><td>11800</td><td>8800</td><td colspan="2">9800</td></tr>
<tr><td>冲刺系列</td><td>点睛冲刺班</td><td>客观题考前 13 日~客观题考前 5 日</td><td>4580</td><td>4280</td><td colspan="2">4380</td></tr>
<tr><td rowspan="3">周末系列</td><td>客观周末特训班</td><td>8 月初~9 月,客观题考前 13 日~客观题考前 5 日</td><td>8980</td><td>8480</td><td>8680</td><td>已开课</td></tr>
<tr><td>主客一体周末特训班</td><td>8 月初~客观题考前 5 日</td><td>13800</td><td>10500</td><td>10800</td><td>已开课</td></tr>
<tr><td>主客一体周末精英班</td><td>8 月初~客观题考前 13 日</td><td>9800</td><td>7800</td><td colspan="2">已开课</td></tr>
<tr><td colspan="8">2020 年 6 月 20 日之前已经报名原 2020 客观题面授班次的学员,加 3000 元可读新增主客一体阶段课程。</td></tr>
</table>

其他优惠：

1. 3 人（含）以上报名，每人优惠 200 元；5 人（含）以上报名，每人优惠 300 元；8 人（含）以上报名，每人优惠 500 元。
2. 厚大面授老学员报名享九折优惠，厚大非面授老学员报名享 200 元优惠。

【广州分校】广州市海珠区新港东路 1088 号中洲交易中心六元素体验天地 1207 室　020-87595663　020-85588201

广州市天河区龙口东路 19 号广东法官学院 908 室　020-87595663　020-85588201

【深圳分校】深圳市罗湖区解放路 4008 号深圳大学继续教育学院 B 座 11 楼　0755-22231961

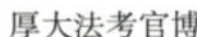

厚大法考官博

深圳厚大法考官微